高等职业学校酒店管理专业教材
中国管理科学学会旅游管理专业委员会
推荐专业课程教材

饭店管理导论

栗书河　马　磊　主　编
孙炳武　王　猛　李留柱　白　雪　副主编

中国轻工业出版社

图书在版编目（CIP）数据

饭店管理导论 / 栗书河，马磊主编. —北京：中国轻工业出版社，2016.10

高等职业学校酒店管理专业教材

ISBN 978-7-5184-1031-6

Ⅰ. ①饭… Ⅱ. ①栗…②马… Ⅲ. ①饭店 - 企业管理 - 高等职业教育 - 教材 Ⅳ. ①F719.2

中国版本图书馆CIP数据核字（2016）第159415号

策划编辑：史祖福

责任编辑：史祖福　曾　娅　　责任终审：劳国强　　封面设计：锋尚设计

版式设计：锋尚设计　　责任校对：吴大鹏　　责任监印：张　可

出版发行：中国轻工业出版社（北京东长安街6号，邮编：100740）

印　　刷：三河市万龙印装有限公司

经　　销：各地新华书店

版　　次：2016年10月第1版第1次印刷

开　　本：787×1092　1/16　印张：12.75

字　　数：210千字

书　　号：ISBN 978-7-5184-1031-6　定价：32.00元

邮购电话：010-65241695　传真：65128352

发行电话：010-85119835　85119793　传真：85113293

网　　址：http：//www.chlip.com.cn

Email：club@chlip.com.cn

如发现图书残缺请直接与我社邮购联系调换

130822J2X101ZBW

为贯彻落实《国务院关于加快发展现代职业教育的决定》及国家旅游局、教育部《关于印发〈加快发展现代旅游职业教育的指导意见〉的通知》（旅发〔2015〕241号）文件精神，深化改革，围绕“互联网+”“旅游+”，适应旅游新业态、新模式、新技术发展，紧贴市场、紧贴产业、紧贴职业设置专业，发展专业特色，推动“专业设置与产业需求对接，课程内容与职业标准对接，教学过程与生产过程对接”，推行项目教学、案例教学、工作过程导向教学等教学模式，由实践经验丰富的饭店管理专业人员为研发主导，以饭店运营管理人员岗位胜任力培养为目标，结合高等职业院校教育教学特点，开发本教材。

本教材参照通常高校饭店管理专业教学计划的安排组织课程内容，对应课程单元选配相应课程任务实践，授课教师既可以在课堂完成讲授，又可以组织学习小组讨论，是实现以学生为主导的课堂翻转所必需的基础条件。

本教材按照教学课程学时要求，以饭店管理典型工作任务能力为基础，以全新视角系统诠释了饭店管理工作，其可以使学习者准确掌握饭店管理相关工作要求，使教师明确饭店管理工作的培养方向。

本教材作者以其30多年饭店企业管理实践、20年饭店管理专业教育经验为基础，根据饭店管理理论总结研究教学培训课程的开发，以饭店管理人员在实际工作中所必需的知识与能力为内容，包括完成饭店企业管理系统建设与运营的管理活动及管理者个人所必要的管理能力等，进行全面的知识与操作内容编排。本教材适合饭店管理理论与实践结合的综合性课程教学的师生使用。

本教材紧密结合行业实际，从饭店管理工作的实际出发，以全新视角、全职业活动领域覆盖为特点，不仅介绍一套饭店管理行为理论，而且可以帮助饭店管理者提高执行能力和工作绩效。

本教材具有专业基础性、工作实践性、操作性强等特点，力求体现理论完备、方法可行、事例真实的原则，从知识方法说明、操作执行要求、概念工具参考模式等方面展开。通过本教材内容的学习，学员可从职业行为实践角度，把握饭店管理理论与实际执行规范，达到理论与实践相结合的目的，是现代饭店管理职业教育的基础学习资料。

本教材由中国管理科学学会旅游管理专业委员会副主任栗书河及河北旅游职业学院酒店管理系主任马磊担任主编，由河北省沧州华凯集团酒店管理部副总经理兼雅布伦大酒店总经理、黄骅远东之星酒店董事长孙炳武、秦皇岛市食文化研究会副会长王猛、中国食文化研究会民族食文化委员会李留柱、白雪担任副主编。

本教材既适合酒店管理专业师生使用，也可作为酒店、餐饮行业从业人员的参考用书。

学习单元		项目		课时数
1	认知饭店	1	饭店概念	2
		2	饭店产品与营利模式	2
2	饭店项目可行性研究	1	饭店选址	2
		2	饭店项目市场分析	2
		3	饭店可行性研究与定位	2
3	饭店设计	1	饭店建筑重点设计概要	2
		2	饭店主题设计	2
4	饭店组织筹备	1	饭店组织架构与编制设定	2
		2	饭店工作岗位职责与任务管理	2
		3	饭店招聘与用工管理	2
5	饭店经营预算	1	饭店经营预算概念	2
		2	饭店经营预算编制	2
6	饭店管理制度建设	1	饭店管理制度文件建设	2
		2	饭店程序文件建设	2
7	饭店运营管理	1	饭店硬件系统管理	2
		2	饭店工作质量检查系统管理	2
学分建议配值			学时建议安排	32

由于编者水平有限，时间仓促，如有疏漏错误之处，恳请广大读者批评指正。

编者

2016年5月

CONTENTS 目录

CONTENTS 目录

学习单元一

认知饭店

项目 1 饭店概念

学习目标

- 能够准确叙述饭店的概念；
- 能够准确叙述饭店的类型及等级；
- 能够准确叙述饭店管理公司的资质条件与经营方式；
- 能够根据饭店统计表完成饭店资源调查。

课程内容

一、饭店概述

饭店可以是所有商业性住宿设施的统称。由于时代不同，所处地理位置不同，功能以及经营、管理方式不同，饭店又有各自的特点，其名称也有所区别。

饭店一词原指法国贵族在乡下招待客人或家人度假用的别墅，后来欧美的饭店业沿用了这一名词。在我国，对饭店的称谓也很多，如宾馆、饭店、度假村、饭庄、大厦、山庄、旅店、旅社、招待所、客栈等，这些称谓都说明住宿的含义，20 世纪 80 年代末，大陆又引进了中国香港和新加坡等地的“酒店”，但最传统的词是旅馆，饭店是目前被业内人士和专家学者普遍认可的表述住宿设施的词汇。我国国家旅游局将现代宾馆统称为旅游饭店（Tourist hotel）。

现代饭店是住宿业的企业组织类型，不是指酒家、酒楼、大饭店、餐馆、餐厅、饭庄等专营饮食业务的经济实体，而是提供包括住宿、饮食及其他服务的综合性企业，是在客舍、客栈的基础上发展起来的。

（一）饭店概念

饭店是指经过政府有关部门批准，以建筑物及其设施设备为依托，为宾客提供住宿、（包括但不限于）餐饮、娱乐、购物、消遣、通信、商务、旅行服务而获得经济效益和社会效益的综合性经济实体。

用现代眼光来看，旅游饭店都应该是现代饭店。现代饭店应具备下列条件:

（1）经过政府工商税务等部门注册登记；

（2）提供住宿、餐饮等基本项目和服务；

（3）旅游饭店还应提供商务、娱乐、购物等项目及其服务；

（4）接待对象是公众，主要是外地旅游者，同时也包括本地居民，既包括某些特殊身份或阶层的人，也包括广大的普通消费者，不应有歧视；

（5）饭店场地与设施具有商业性特征，公开经营，所以其使用者必须要支付一定的费用；

（6）饭店作为企业组织，独立经营，自负盈亏，合理竞争，自谋发展。

（二）世界典型的饭店概念

国外的一些权威性辞典，曾对饭店下过以下定义。

（1）《美国百科全书》 饭店是装备好的公共住宿设施，它一般都提供膳食、酒类与饮料以及其他的服务。

（2）《大不列颠百科全书》 饭店是在商业性的基础上向公众提供住宿，也往往提供膳食的建筑物。

（3）《科利尔百科全书》 饭店一般地说是为公众提供住宿、膳食和服务的建筑与机构。

（4）《牛津插图英语辞典》 饭店是提供住宿、膳食等而收费的住所。

二、饭店类型

饭店分类有利于饭店的市场营销，能使饭店明确所处市场和营销对象，从而更有效地制订营销计划，更集中地使用广告宣传费用；同时，也能使宾客在选择饭店时有明确的目标；饭店分类也便于比较，一家饭店经营状况的好坏，要与同一类型的饭店相比才显得有意义，特别是当饭店运用各种资料分析市场动向、研究竞争对策和制订经营方针时，同类相比显得格外重要。

世界各地对饭店的分类方法多种多样。传统的分类方法中，饭店按照接待顾客类型、消费情况等被分为不同类型，也通常按照饭店规模划分。

（一）按照饭店规模分类

1. 大型饭店（Large hotel）

通常拥有600间以上客房的饭店被认为是大型饭店。大型饭店由于客房数量多，每天的客流量大，每个客人的消费需求有所不同，所以大型饭店的服务项目要非常齐全，服务的标准化程度高。大型饭店由于投资大，回收期长，经营风险较大，因而应定位于豪华饭店。

2. 中型饭店（Average hotel）

通常拥有 300~600 间客房的饭店被认为是中型饭店。这种饭店由于规模适中，适用于商业、会议、度假等多种类型的饭店经营。可以是豪华饭店，也可以是中档饭店。

3. 小型饭店（Lodge or tavern）

通常拥有 300 间以下客房的饭店被认为是小型饭店。小型饭店内的设施和服务能基本满足旅游饭店的标准和要求，由于规模小，服务设施有限，提供一般性服务，价格比较低廉，多数属于经济型饭店。

（二）按照接待顾客类型与服务功能特点分类

1. 商务型饭店（Commercial hotel）

商务型饭店也称暂住型饭店，此类饭店多位于城市的中心地区，接待商务客人、旅游客人及因各种原因做短暂逗留的其他客人。这类饭店的客人在饭店平均逗留期较短，流动量大，饭店的服务及设施配备适应性广，在饭店业中所占的比例最大。这类饭店为适应细分市场的需求，又分为各种等级。其中，等级较高、以接待商务客人为主的饭店一般比较豪华、舒适，服务设施齐备，交通及通讯便利，通常设有商务套房，各类会议厅室，宴会厅等。

为方便商务客人开展各种商务活动，饭店往往设有商务中心，为客人提供打字、复印、传真、秘书、翻译等服务，并提供各类会议室，供商务洽谈之用。有的饭店还在客房内提供办公文具、传真机、宽带上国际互联网的设施。高档的豪华饭店还专门将某几个楼层划分出来，设置“行政楼层”，专为高级行政人员、企业家服务。在行政楼层上，配有商务房、商务套房及豪华套房以及宽敞、典雅的商务廊。该类楼层的住客可在商务廊里休息、会客、阅读各种商务报刊，还可用早餐。客人不必去总台，可直接在楼层上办理入住和退房手续。

2. 度假型饭店（Resort hotel）

度假型饭店传统上以接待休闲、度假的宾客为主。此类饭店多位于海滨、山区、温泉、海岛、森林等旅游胜地，开设各种娱乐体育项目如滑雪、骑马、狩猎、垂钓、划船、潜水、冲浪、高尔夫球、网球等活动来吸引游客，因此这些度假地区及活动的吸引力是度假型饭店成功的关键。目前这类饭店有些增设了会议设施，以吸引各种会议。疗养型饭店也属此类。

3. 会议型饭店（Conference hotel）

会议型饭店主要接待各种会议团体。饭店通常设在大都市或政治、经济中心，或交通方便的游览胜地，设置各种会议厅或大的多功能厅，可根据需要用作会议厅、舞厅、宴会厅或展览厅。会议型饭店除应具备相应的住宿和餐饮设施外，还配备有会议设备，如投影仪、录像设备、扩音设备、先进的通讯、多媒体、视听设备，接待国际会议的饭店还要求具备同声传译装置。会议型饭店一般都配备工作人员帮助会议组织者协调和组织会议各项事务，提供高效率的接待服务。这类饭店目前开始趋向于向旅游胜地发展，使赴会客人在紧张的会务之余，得以身心松弛，恢复精力，因此，颇受市场欢迎。

4. 公寓饭店（Apart hotel or Apartment hotel）

公寓饭店内部多采用公寓式布局，配有整套的生活设施及公用的娱乐、健身设施，适宜家庭居住。经营方法采用所谓的时间分享法，即由投资者出资兴建，其他人可任意租用，租期可以为一周、一月、一年、五年或更长时间，同时允许转租他人。

5. 汽车饭店（Motor lodge or motor inn hotel）

汽车饭店常见于欧美国家的公路干线上。早期，此类饭店设施简单，规模较小，相当一部分汽车饭店只有客房没有餐厅和酒吧，以接待驾车旅行者投宿为主。现在，汽车饭店不仅在设施方面大有改善，趋向豪华，并且多数可提供现代化综合服务。欧美的“假日集团”“华美达集团”等均拥有大量的汽车饭店，而国外的霍华德·约翰逊公司则号称是“公路东道主”。

6. 经济型饭店

经济型饭店又称为有限服务饭店，其最大的特点是房价便宜，其服务模式为“B&B”（Bed and Breakfast，即住宿 + 早餐）。最早出现在 20 世纪 50 年代的美国，如今在欧美国家已是相当成熟的饭店形式。

中国的经济型饭店概念是一个舶来品，是在中国的旅馆、招待所等传统民宿类型的基础上，结合旅游饭店国际化硬件设施标准改造的产物。经济型饭店一般以住宿功能为主。客房应占饭店建筑总面积的 85%~90%；餐饮、会议等配套设施很少或没有，总建筑面积应该限制在 4000~6000 平方米内。经济型饭店定位在国内市场，主要从服务最小化以及简朴设施的角度进行考虑，客房总数一般不超过 100 间，安全、卫生、方便是其基本标准。

三、饭店等级

（一）国际旅游星级饭店的等级划分

饭店分等制在欧洲国家较为普遍。法国的饭店分为“1~5 星”五级，意大利的饭店采用“豪华、1~4 级”制，瑞士的饭店分为“1~5 级”，奥地利的饭店使用“A1、A、B、C、D”级，而有的国家和地区则采用“豪华、舒适、现代”或“乡村、城镇、山区、观光”或“国际观光、观光”等分等制，可谓形形色色。美国至今尚未有统一的、被普遍接受的饭店等级标准，较有影响的则是美国汽车协会及美国汽车石油公司分别制订并使用的“五花”和“五星”等级制。

为了更好地加强对旅游饭店的宏微观管理，提高饭店的产品质量和服务，自 20 世纪 50 年代以来，国际上开始对饭店进行评级和评定。目前世界上有 80 多种饭店等级制。这些等级制度，有的是各地饭店协会制定，有的是各国政府部门制定。由于各地区、国家间饭店业发达程度和出发点不同，各种等级制度所采用的标准不尽相同。我国饭店选择“1~5 星”五级星级评定制度。用星的数量和设色表示旅游饭店的等级，星级分为五个等级，即一星级、二星级、三星级、四星级、五星级（含白金五星级）。最低为一星级，最高为白金五星级。星级越高，表示旅游饭店的档次越高。

（二）国内旅游星级饭店等级的划分

旅游星级饭店指按照《旅游饭店星级的划分与评定》标准评定的饭店。

1987 年 7 月，国家旅游局邀请世界旅游组织专家费雷罗来华提供技术咨询，结合中国国情，参照国际官方旅行组织协会制定的《旅馆等级标准》，制定了饭店星级评定标准的草案。国家旅游局于 1988 年 8 月 22 日制定出《中华人民共和国旅游（涉外）饭店星级标准和评定星级的规定》，1988 年 9 月由国务院公布实施，将旅游系统内部的饭店从一星到五星分类划分。

1993 年 9 月 1 日《旅游涉外饭店星级划分与评定》（GB/T14308—1993）发布，并于 1993 年 10 月在全国正式执行。

1997 年 10 月 16 日《旅游涉外饭店星级划分与评定》（GB/T14308—1997）发布，并于 1998 年 5 月 1 日起执行，代替原 GB/T14308—1993。

2003 年 5 月《旅游饭店星级的划分与评定》（GB/T14308—2003）发布，并于 2003 年 12 月 1 日实施，代替原 GB/T14308—1997。

2010 年 10 月 18 日《旅游饭店星级的划分与评定》（GB/T14308—2010）颁布，并于 2011 年 1 月 1 日开始实施。代替原 GB/T14308—2003。

四、饭店管理公司

饭店管理公司是指以一座或者若干座直营饭店为载体，拥有独立的服务品牌、管理模式和市场营销渠道，以其特有的专业技术、管理人才向饭店输出管理，并依法独立享有民事权利和承担民事义务的企业法人。《中国饭店管理公司运营规范》所称管理模式，具体包括规范化的饭店组织形式与管理机制，清晰的客源市场定位、标准化的服务流程、服务和技术标准、设施设备配置标准，以及一套服务质量检验与控制体系。

饭店管理公司应遵守国家相关法律及法规，在自己的业务范围内最大限度地为所管理的饭店创造商业和社会价值。

（一）饭店管理公司应具备的基本条件

（1）具有符合国家法律法规所规定的公司商号；

（2）具有经营范围相适应的办公场所、必备设施及注册资金；

（3）饭店管理公司的总经理应具有三星级以上饭店，或者从事过连锁商业机构的高级业务管理工作经历，接受过高等教育，并获得国家行业主管机关认可的岗位资质证书；

（4）具有健全的组织机构，应具备人力资源、质量管理、工程技术、计划财务等必要的职能化部门；

（5）具有健全的财务制度，依法自主经营、独立核算、自负盈亏，财务部门人员应达到国家规定的上岗条件。

（二）饭店管理公司应具备的运营条件

（1）拥有依法注册的服务商标；

（2）具有与服务品牌相适应的质量标准、服务规范、操作规程、管理规章等有关制度，且形成可检验的文件；

（3）具备派出成建制管理人员和培训所管理饭店人力资源的能力；

（4）具有相应的技术支持系统，包括饭店策划、筹备开业、人员培训、设备设施维护、能源费用控制、市场营销等模块，且有适时更新的计划；

（5）建有公司网站，并具有预订功能。

（三）饭店管理公司应具备的诚信条件

（1）拥有良好的商业信誉，具备经营管理项目饭店的条件；

（2）饭店管理公司应当诚信经营，不得利用所管理的饭店从事非法经营，也不得从事损害所管理饭店和顾客重大利益的行为。

（四）饭店管理公司的经营方式

1. 饭店管理公司的管理输出服务

（1）合作经营　公司委派执行总经理（或常务副总经理）及业务部门经理与业主共同组成经营管理班子，协助业主负责饭店日常经营管理，并收取固定管理费与奖励管理费的一种经营方式。

（2）经营顾问　饭店经营权仍归业主所有，管理公司仅以获取顾问指导费的方式，短期委派管理专家担任饭店顾问，为饭店日常经营管理提供咨询服务，并收取相应咨询服务费的一种经营方式。

（3）全权经营　公司受业主信任委托，委派输出的经营管理班子全权负责饭店日常经营管理，并获得基本管理费与奖励管理费的一种经营方式。

2. 饭店管理公司的基本运作

（1）制订营销方案　评估饭店产品，确立市场定位，制定发展规划，预测经营目标。

（2）饭店软件设计　管理软件设计。

（3）建立管理规程　根据饭店硬件设施水准与星级评定目标，设计软件管理系统，在岗位职责、工作目标、质量标准、操作规范等饭店管理软件范畴内达到系统运作标准化、程序化、制度化。

（4）设计运作体系　建立饭店组织机构运作体系，审定饭店人员编制与职务薪级体系，健全饭店经营管理的各项规章制度。

3. 饭店管理公司的培训服务

建立“以岗前培训为基础、以服务意识为先导、以岗位技能为重点，传、帮、带”的饭店全员培训运作模式。

（1）全员基础培训　根据饭店营业准备培训大纲要求，由业界专业人士施教，对新员工进行饭店服务教育基础培训。

（2）专业理论培训　根据饭店经营发展与业主的需要，按照饭店培训大纲要求由饭店管理专家对管理层（领班、部门主管）进行传接式专业理论培训。

（3）岗位技能培训 根据饭店岗位职责与任职要求，部门训导员在培训部指导下，对试营业阶段已上岗员工进行岗位技能强化培训。

4. 饭店管理公司的用品筹划

根据饭店硬件设计功能与经营布局，兼顾营运与管理需要，提供饭店营业设备用品清单，评估市场价格，选择供应商。

（1）用品定样 根据饭店规模等级，制订饭店各类用具用品订购清单，编制预算，批量购置。

（2）设备选型 根据饭店营运需要，指导饭店各类设施设备选型定购。

5. 饭店管理公司的咨询服务

通过对市场的调研，对业主投资环境的评估，提供饭店经营可行性分析报告。

顾问咨询——派遣饭店管理专家，审议饭店经营方案，评估饭店经营业绩，提出饭店发展策略。

6. 饭店管理公司的物业管理服务

（1）物业管理宗旨 参照中国星级饭店标准，借鉴海外物业管理经验，以“星级管理、薄利服务”为物业管理原则，为业主培养管理人才，最终使其独立经营管理物业。

（2）物业管理性质 业主委托，合约管理；独立核算，利益共享。

（3）物业管理目标 公寓、办公楼、商住楼的饭店化服务与管理。

（4）物业管理方式 全权管理、合作管理、顾问管理、租赁管理。

作业任务

调查实践：

走访一家饭店，完成饭店基本情况调查。

饭店名称

一、饭店总体情况

1. 饭店名称：（中文）

（英文）

2. 法人代表姓名：（中文）__________，（英文）__________。

3. 总经理姓名：（中文）__________，（英文）__________。
邮箱：____________________。

4. 地址：（中文）__________，（英文）__________。

5. 电话号码（含区号）________，传真号码（含区号）：______。

6. 饭店网址（域名）：__________，邮政编码：__________。

7. 地理位置：□位于城市范围　□位于城市中心　□位于旅游景区或度假区
距飞机场________公里，距火车站________公里，
距长途汽车站_______公里，距码头_______公里。

8. 所属经济类型：
内资企业：□国有 □集体 □私营 □联营 □股份合作 □有限责任
□股份有限　□其他
外资企业：□外商投资　□港澳台商投资
中外合资：外资比例__________%

9. 所有者（股东）：（1）__________，（2）__________，（3）__________，（4）__________。

10. 归属情况：
上级主管部门__________或归属机构__________。

11. 开业日期：__________年_____月_____日

12. 投资情况：
正式营业前投资总额__________万元，
第一次装修改造投资额_____万元，时间____年___月至___年___月。
第二次装修改造投资额_____万元，时间____年___月至___年___月。
第三次装修改造投资额_____万元，时间____年___月至___年___月。

13. 建筑情况：
占地面积_____平方米，建筑面积_____平方米，容积率_____，绿化面积_____平方米。
饭店由_____栋楼组成，每栋楼层数为（分别为）_____层。

14. 经营管理情况：

☐自主管理

☐委托管理：管理公司名称（中文）＿＿＿＿＿＿＿＿，

（英文）＿＿＿＿＿＿＿＿。

☐特许经营：品牌名称（中文）＿＿＿＿＿＿＿，

（英文）＿＿＿＿＿＿＿，

☐承包经营：承包者名称（中文）＿＿＿＿＿＿＿＿，

（英文）＿＿＿＿＿＿＿＿。

15. 经营者（含总经理、副总经理）资格：

（1）＿＿＿＿总经理或副总经理连续五年以上担任高级管理职位的饭店名称：

a. ＿＿＿＿＿＿，b. ＿＿＿＿＿＿，c. ＿＿＿＿＿＿。

（2）连续两年以上接受饭店管理专业教育或培训的院校名称及所获学位或证书：＿＿＿＿＿＿。

（3）总经理是否（是，否）持有全国旅游岗位培训指导委员会颁发的《旅游行业管理人员岗位职务培训证书》，主要所学课程名称：＿＿＿＿＿＿，＿＿＿＿＿＿，＿＿＿＿＿＿。

16. 饭店员工总数：＿＿＿人，男：＿＿＿人，女：＿＿＿人，大专以上学历者：＿＿＿人。

根据中华人民共和国国家标准《旅游饭店星级的划分与评定》（GB/T14308—2010），本饭店申请定为＿＿＿星级饭店。

本饭店法定代表人保证：

（1）以上各项数据属实，并对此负责。

（2）接受相应饭店星级评定机构的评定结果，如有异议，服从全国旅游星级饭店评定委员会的最终裁决。

二、饭店设计施工单位及设施设备来源

饭店土建设计单位（包括所在地）：＿＿＿＿＿＿＿＿，

饭店土建施工单位（包括所在地）：＿＿＿＿＿＿＿＿，

饭店内装修设计单位（包括所在地）：＿＿＿＿＿＿＿＿，

饭店内装修施工单位（包括所在地）：＿＿＿＿＿＿＿＿。

饭店建筑设计和装修设计主题说明（另附页）

项目	品牌	项目		品牌
配电系统		厨具	餐具	
空调系统			饮具	
客用电梯			炊具	
电话交换机		家具	客房	
计算机硬件系统			餐厅	
管理信息系统			会议	
闭路监控系统			康乐	
楼宇控制系统		地毯	客房	
中水处理系统			餐厅	
石材保养设备			公共区域	
地毯清洗设备		灯具	客房	
地毯清洗剂			餐厅	
卫生洁具			大堂	
客房门锁		洗衣设备	洗衣机	
床垫			干洗机	
被 / 枕头			烘干机	
客用棉织品			烫平机	

注：如使用多类用品或多个品牌，请填写使用最多的三个品牌。

三、饭店装饰装修用材及设施设备规模、规格和服务项目

1．饭店装修用材（打√）

建筑外墙（大理石、水泥板、釉面砖或________________）。

前厅：地面（大理石、木地板、地毯、青石板、水磨石或___）；

墙壁（大理石、木板、壁纸、喷涂或____________）；

天花（原结构、木笼、玻璃、石膏板或____________）。

公共卫生间：地面（大理石、釉面砖、水磨石、马赛克或______）；

墙面（大理石、高档瓷砖、釉面砖、马赛克或_____）；

天花（金属板、石膏板、泡沫板或______）；

梳妆台（天然大理石、人造大理石、塑料或______）；

通风设备（排气扇、风口或______）。

2. 客房情况

可供出租客房总数__________；床位总数__________。

项 目	标准间		普通套房（两开间）	豪华套房		残疾人客房
	双床房	大床房		三开间	四开间及以上	
间 数						
床位数						

70% 以上客房的面积（不含卫生间和门廊）达到_____平方米，层高_____米；70% 以上客房卫生间的面积达到_____平方米，客房家具用材（红木、枫木、榉木、柚木、水曲柳、普通木材、合板或_____）客房布草_______。

项目	床单	被套	枕套
支纱规格（经纱 × 纬纱支数）			
含棉量 / %			

卫生间装修用材（打√）

地面（大理石、釉面砖、水磨石、马赛克或____________）；

墙面（大理石、高档瓷砖、釉面砖、马赛克或____________）；

天花（金属板、石膏板、泡沫板或____________）。

梳妆台（天然大理石、人造大理石、塑料或____________）；

通风设备（排气扇、风口或____________）。

卫生间布草

项目	长 / mm	宽 / mm	重量 /g	支纱数 / 支	含棉量 /%
浴巾					
面巾					
地巾					
方巾					

3．餐饮设施

餐厅总数____________个，总座位数________个。

中餐厅（不含包房）

序号	名称	面积 /m²	座位数 / 个	经营菜系
1				
2				
3				
4				
合计				—

中餐厨房面积____________平方米。

外国餐厅或风味餐厅

序号	名称	面积 /m²	座位数 / 个	经营品种
1				
2				
3				
4				
合计				—

外国餐厅或风味餐厅专门厨房面积____________平方米。

宴会单间或包房

序号	名称	面积 /m²	座位数 / 个	序号	名称	面积 /m²	座位数 / 个
1				6			
2				7			
3				8			
4				9			
5				10			
合计				合计			

注：如数量超出上表所列，按上表内容要求另附表。

大宴会厅或多功能厅（按面积由大到小排列）

序号	名称	面积 /m^2	座位数 / 个	层高 /m	序厅面积 /m^2
1					
2					
3					
4					
合计					

注：面积计算以固定隔断为准，大宴会厅或多功能厅的可隔断分区不能重复统计。

宴会厅的厨房面积________平方米，是否与宴会厅直接连通（是，否）。

其他餐饮设施

项目	名称	座位数 / 个	面积 /m^2	厨房或备餐间面积 /m^2
咖啡厅				
酒吧				
茶室				
行政酒廊				
大堂吧				
饼店				
其他吧室				

4．公共区域及康乐设施（打√）

空调设备（四管制中央空调、两管制中央空调、柜式空调、窗式空调、分体式空调）

电梯____部，其中，客用电梯____部，服务电梯____部，滚梯____部；

饭店供客人使用的出入口____个，供服务人员使用的出入口____个；

饭店客用公共卫生间______处，残疾人卫生间_____处；

客房楼层走廊宽度______米，层高________米；

楼层布草间每________层一处，消毒间共____处。

专用会议室/厅（按面积由大到小排列）

序号	会议室/厅	面积/m^2	座位数/个
1			
2			
3			
4			
5			

注：如数量超出上表所列，按上表内容要求另附表。

健身房面积________平方米，健身器械种类________种。

停车场（地面停车场、地面多层停车库、地下停车库或______），总面积________平方米。

停车位总数________个，其中大客车停车位________个。

5．饭店安全保卫设施（打√）

（1）消防设施　消防监测中心、自动报警系统、消防电梯、消防广播系统、自动喷淋系统（公共区域、客房）、水幕系统、防火门、消防栓、灭火器、灭火毯、疏散指示（公共区域、客房）、紧急疏散通道、报警电话按钮、其他设施________________。

（2）防盗设施

客房：电子卡门锁、双保险锁、普通门锁、安全链、房门可视系统、门窥镜、保险箱。

公共区域：笔录监控系统、探测头________个，探测头覆盖率（整个饭店）：________%。

（3）食品安全设施　器皿消毒柜、食品检验室、紫光灯、其他设施________。

（4）紧急救助设备　氧气瓶、防毒面罩、担架，其他：________。

饭店产品与营利模式

项目 2

学习目标

- 能够准确叙述饭店产品的概念及特性；
- 能够准确简述饭店产品经营营利模式；
- 能够简述饭店品牌集团化经营形式。

课程内容

一、饭店产品概念

产品一般是指能用于市场交换、并能满足人们某种需求和欲望的劳动成果，包括实物、场所、服务、设施等。饭店产品是饭店经营过程中为宾客在使用饭店期间提供的使用价值的总和。饭店产品的本质特征是服务，饭店产品的使用价值具有多种形态，如住宿、饮食、购物、娱乐、休闲等。不管饭店产品的使用价值表现为什么形态，都是由饭店自身生产出来的。饭店凭借着空间和设备设施，通过员工的劳动，创造一种新的使用价值，提供给宾客消费。

从饭店产品的整体观念来看，饭店产品的概念包含三个层次的涵义。

（一）核心产品

饭店核心产品是饭店产品整体观念中最基本、最主要的部分，是指宾客从饭店中得到的最根本利益。这种根本利益表现在宾客在入住饭店过程中希望由饭店提供解决的各种基本问题，它是宾客需求的中心内容。不同的宾客购买饭店产品所要解决的基本问题是不同的。如经济型和中低档商务客人对饭店的主要需求是便宜、清洁，而豪华和高档宾客追求的是舒适和享受。

（二）实际产品

饭店实际产品是指在物质上展现饭店产品的核心利益，使产品的核心利益更容易被宾客识别的一系列因素。如饭店的周围环境、地理位置、建筑特色、设计风格、设施设备的品牌、服务项目和服务水平等。实际产品使饭店核心利益有形化，每个饭店的实际产品区分，形成饭店的个性化特色。

（三）延伸产品

饭店延伸产品是指饭店在宾客购买实际产品和服务时所提供的附加利益。这种附加利益对宾客来说并不是必需的，但它能给宾客带来更多的实际利益和更大的心理满足。因此，饭店延伸产品体现着一种超值享受，对宾客购买实体产品和服务具有一定的影响力，如免费停车场、机场班车。

二、饭店产品的特点

（一）饭店产品的无形性

饭店产品的使用价值是多种不同性质的使用价值的综合组成，饭店的产品质量、劳动价值也就分散在产品的各个方面而无法凝聚和集中。这说明饭店产品是无形产品，从而形成了无形产品生产、销售、消费、价值等方面的特点，针对具体宾客而言，这些特点表现在每一个饭店产品的使用价值产生的随机性，产品价值的可变性。

饭店产品主要是指饭店服务，饭店服务是看不见、摸不到、非物化、非量化的产品，表现出无形性，致使饭店企业很难向客人描述、展示服务项目，而客人也不可能在购买某一项服务前对其进行检验或试用，因此造成饭店产品推销上的困难。客人在选择饭店和餐厅时，往往只凭他所知道的该饭店的声誉为选择标准，因此，饭店必须十分重视树声誉、创牌子、立形象的工作。

（二）饭店服务的差异性

一家饭店提供的同一产品不可避免地存在着质量和水平的差异，具体表现在一家饭店的不同职工甚至同一职工在不同的时间、不同的场合或对不同的对象所提供的服务往往水平不一、质量不同。造成饭店服务差异性的直接原因在于手工劳动是饭店的主要生产手段。要克服饭店服务差异性，关键在于制定严格的质量标准，坚持每次服务都符合标准，其途径在于加强职工教育培训，提高从业人员的文化修养，讲究服务道德，改善行业素质和职业技能。

（三）饭店服务信息反馈的直接性

工业产品被生产出来后，要拿到商场（市场）上，由商业部门组织销售，产品的生产者不直接与顾客见面，客人对产品的意见、投诉，要经由商业部门或销售部门反馈到生产者那里，生产者有足够的时间对客人的意见和投诉做出反应。服务产品则是由其生产者（饭店工作人员）当面向客人提供的，客人对产品的意见和投诉会立即反馈给服务的提供者——饭店工作人员。因此，饭店工作人员必须机智灵活，训练有素，善于接受客人的意见和投诉，能灵活应付和妥善处理各种情况。

（四）饭店服务的不可贮藏性

饭店服务的这一特点是由服务的直接性决定的。饭店向客人提供的各种设施和服务无法储存和搬运，只有当客人光顾或住进饭店时才能进行；当客人结账离店时，饭店的服务也随之终止。

三、饭店产品经营营利模式

饭店的营利模式没有单一特点，在饭店的实际操作中，应根据饭店实际情况，结合市场环境和影响的主导因子，合理选择适宜自身发展的投资营利模式，强化主导营利模式，适度选择多种营利模式的协调发展，发挥最大的效益。

（一）经营增长营利模式

经营增长营利模式主要是指饭店采取传统的以销售饭店住宿、娱乐、餐饮、会议等主打产品，在产品功能调整和提升基础上，实施专业化服务、信息化操作，并根据顾客的需求提供人性化的解决方案，实现产品的高品质和顾客的高满意度，最终实现饭店营利的模式。

饭店经营增长营利模式强调利用三个平台——饭店内部协调平台、饭店相关企业协作平台和饭店顾客沟通平台，从产品功能调整和提升、专业化服务、信息化操作等方面形成竞争优势，最终形成价值利润。

（二）物业增值营利模式

饭店作为一种物业类型，饭店长期的保值增值也成为很多饭店投资者营利的方式。饭店升值潜力的大小受多方面因素的影响，主要包括交通、地段、商业氛围、地产升值、人流聚集状况等，饭店物业价值会随着这些影响因素的变化而产生很大的涨幅，因此，饭店物业增值营利模式具有一定的风险性。

饭店物业增值营利模式，主要包括地段增值和饭店设施增值。地段是饭店物业增值的核心影响要素，地段增值可分为两种情况：第一，饭店所处的地段已经是旺地，一般是城市商业、文娱积聚区，有高强度的人流、资金流和信息流。饭店物业将凭借旺地的高本低价值和发展潜力而获得饭店物业的增值营利；第二，饭店所选择的地域具有很强的增值潜力，如政府指向的新开发区、城郊景观带等。

饭店设施增值营利是指除了饭店地段增值之外的饭店物业增值营利模式。饭店包装利用饭店设施、设备，形成饭店的物业增值营利模式，同时饭店还可以利用饭店物业管理的专业化优势，采用委托式管理、顾问式管理、咨询服务等方式实行物业管理输出，从而拓宽饭店的营利渠道。

（三）资本运营营利模式

资本运营是饭店走外部成长道路的主要途径，它是以促进资本增值、利润最大化为目的，以价值形态为特征，与产品经营进行互补，通过对生产要素的优化配置和资产结构的动态调整等，对资产进行综合运营，实现计划利润目标的经营方式。

一个开放性、自由化、有深度的资本市场是饭店实施资本营运营利模式所必不可少的外界基础条件之一。

饭店资本运营营利模式需要通过资本不断的流动来实现合理配置和增值，资本的闲置是资本的极大浪费和流失。一方面，资本营运要求通过资本形态的变化，盘活沉淀、闲置、利用率低下的资本存量，使资本不断的流动到报酬率高的产业和产品上，优化资本的组合质量，达到资本有效增值和饭店营利的目的；另一方面，资本运营要求加快资本流动的速度，缩短资本的流动过程，提高资本的流动效率，实现资本的迅速增值，从而营利。

资本直接运作的方式包括：证券投资、股票的收回与分割、期权交易、饭店租赁、饭店买卖等。如实力强大的饭店管理公司，通过资本运作，以较低价格收购经营不善的饭店，然后通过饭店组织和流程的再造，实现饭店的扭亏为盈，然后再通过资本市场，以较高的价格出售，从而获得饭店资本营利。

（四）品牌创新营利模式

在以饭店产品过剩为特征的经济竞争中，品牌竞争是其主要表现形态。具有知名品牌的产品就能获得较高的价格认同，消费者愿意支付比其他产品更高的价格去购买知名品牌的产品，从而使企业能获得更大的利益。饭店品牌为企业提供了超越产品本身有形资产以外的价值，一个饭店品牌的价格包括两个部分：一是产品本身的价格，即产品价值（或零售价格），另一部分则是品牌在资本市场销售时的价格，即产权价格（或形象价值），因而大大提升了饭店的竞争实力和营利水平。

品牌创新营利模式是饭店长期营利的最佳模式，饭店品牌的发展和创新可分为三个阶段：饭店品牌塑造、饭店品牌扩张、饭店品牌维护。

第一阶段饭店品牌塑造，具体包括品牌定位、品牌创意以及品牌形象塑造三大部分内容。通过品牌定位明确品牌的个性与发展方向；通过品牌创意设计有特色的、理想的品牌名称和标志；通过品牌形象塑造将良好的品牌信息传播给消费者，强化顾客对饭店品牌的正面认知和评价。

第二阶段饭店品牌扩张，即饭店在成功塑造品牌后，为使该品牌不断发展壮大，相应采取的品牌纵深化发展战略。饭店品牌的延伸扩展强调的是饭店对已实现的某个品牌资源的充分开发和利用，使品牌生命不断得以延长，品牌价值得以增值，品牌的市场份额不断扩大。大型国际饭店集团在其最初发展阶段，通常仅针对某个档次的饭店，对其核心品牌发展单一的线性延伸，形成产品线，由营利点形成品牌系列营利。系列品牌的延伸，大大提升了饭店的品牌价值，为饭店的全方位、多层面营利奠定了基础。

第三阶段饭店品牌维护，即当饭店的品牌进入成熟期后，其所关注的重点应转移到确保所拥有的品牌优势不被削弱上来，该战略的实施应注意对已有品牌的注册、防伪、维权以及品牌内容创新等方面，从而实现饭店品牌的全面营利。

（五）集团建设营利模式

饭店通过集团化经营，扩大规模经济与实现规模经济效益，是饭店营利的主要模式之一。与单体饭店相比，营运成本的降低、网络建设市场推广、集约化经营带来的效益，都会带来更多的投资收益。

饭店集团的发展可分为内部成长和外部扩张，相对应形成保守性集团增长营利模式和快速集团增长营利模式。现代激烈的饭店业市场竞争环境下，通过内部成长方式来扩大饭店规模，发展饭店集团较少。但是也有一些饭店通过内部成长路径取得成功的。

即充分利用外部资源和力量，通过资本纽带、兼并收购、管理合同、特许经营、战略联盟等多种方式，来扩大产业规模，形成饭店集团的发展路径。外部扩张是现代企业集团扩张的最常见方式，也是形成快速集团增长营利的途径。

四、饭店集团化经营形式

世界各地饭店集团化经营的形式以及隶属形式多种多样，归纳起来，通常有以下几类。

（一）拥有形式

拥有形式就是饭店集团同时拥有和经营数家饭店，各饭店所有权都属于同一个饭店集团，同属于一个企业法人。这种结构有利于节省费用，如注册费用，以及经营中的人工费用，因为同一集团中的饭店可以合用一部分采购员、财会员、维修人员等。首先，这一形式的缺点是风险较大，若一家饭店经营失败而资产不足以偿清债务，则集团中其他饭店的资产就得不到保护，有可能会被动用来偿付债务。其次，由于数家饭店属于同一公司，在计算所得税时须将所有饭店的利润加在一起计算，若按递进法计算的话，往往税率较高。

（二）租赁形式

租赁形式就是饭店集团采取在本国或他国租赁饭店进行管理的方法，使集团规模不断扩大。被租赁饭店的所有权不属饭店集团，但由于饭店集团对其拥有经营权，因而该饭店便成为饭店集团一员。也有些饭店业主不准备经营自己拥有的饭店，便租让给饭店集团经营，这样可避免经营风险，又可以收取租金。上述两种情况中，饭店的所有权和经营权分开，饭店的业主和经营者分别属于两个独立的企业法人。租赁经营的具体形式通常有以下几种。

1. 直接租赁

直接租赁是由承租公司使用饭店的建筑物、土地、设备等，负责经营管理，每月交纳定额租金。一家饭店要经营成功需要一段较长的时间，因而租赁合同要规定租赁的年限，以保护经营公司免于经营成功之际业主将财产收回。

2. 盈利分享租赁

在饭店行业中，有许多公司采用分享经营成果的租赁方法，业主企业愿意将收入或利润分成作为租金。以这种形式计算租金，有以下计算方法。

（1）按营业收入的一定比例作为租金；

（2）按经营利润的一定比例作为租金；

（3）按营业总收入和经营利润混合百分比计算。

一般来说，业主不愿承担经营风险，较喜欢根据营业总收入中一定的百分比来计算租金。为了降低风险，协商租金时，业主公司往往要求加上最低租金限额的保障条款。

（三）管理合同形式

有些公司建造或购买了饭店，但缺乏管理经验或者不打算自己经营，于是就聘用饭店集团或管理公司，签订管理合同。管理合同形式与租赁形式有某些相同之处，例如，饭店的所有权和经营权分开，收取管理费和收取租金方法相似。但这两种形式的性质不同，在租赁形式中，承租的经营公司完全独立于业主企业，饭店员工属于经营公司，经营公司必须对员工负责；经营公司还必须承担经营饭店的风险，如果经营亏损，则亏损由经营公司承担。在管理合同关系中，管理公司是饭店业主的代理人，业主应该向员工负责，管理公司是代表业主公司管理企业和员工。

管理合同形式是一种以较小的投资扩展饭店集团规模的方法，可使饭店集团不直接投资建设饭店或购买股份就能向世界各地发展饭店网点。

我国在发展饭店业的过程中，聘用国外饭店集团管理饭店，起到很大的积极作用。第一，促进和推动了整个饭店行业提高管理水平。现代化大饭店的兴起在我国为时不长，聘请国外饭店集团，将科学、先进的管理技术、方法和经验引入了中国。第二，有利于开发国际市场。国外饭店集团如“万豪酒店集团”“假日饭店公司”“新世界饭店管理公司”“香格里拉公司”等在国际上和亚太地区占据着很大的市场。在推销、预订和广告宣传方面具有优势。这些国际性饭店集团的介入，对我国饭店业进入国际旅游市场起到了不容低估的作用。第三，增加了竞争压力。国外饭店集团进入中国饭店行业，在将先进科学的管理经验和方法介绍进来的同时，对我国内资和自管饭店是种挑战，形成了竞争压力。这种压力对于改善我国饭店的管理，提高服务质量起到了积极的作用。

（四）特许经营形式

特许经营形式是指饭店集团向其他饭店出售、转让特许经营权。授让的饭店集团必须有强大实力及良好的知名度和声誉，才有可能向其他饭店出售特许经营权。授让饭店可以使用授让饭店集团或公司的名称、标识、经营程序、操作规程、服务标准，并加入该集团预订系统、市场营销，成为该饭店集团的一员。饭店集团有责任在授让饭店建设前的选址、设计、可行性研究、资金筹措以及开业后的经营管理中给予技术上的指导和监督。授让饭店有责任确保企业达到饭店集团所要求的经营标准，授让饭店须向饭店集团交纳特许经营权转让费以及使用费。

作业任务

调研分析：

选择一家饭店为调研分析目标，完成目标饭店基本情况调查，做出该饭店产品分类与营利模式分析。

学习单元二

饭店项目可行性研究

项目 1 饭店选址

学习目标

- 能够准确阐述饭店选址的重要因素；
- 能够进行饭店的市场数据收集与分析；
- 能够撰写饭店项目可行性研究报告。

课程内容

一、影响饭店选址的重要因素

（一）饭店选址的重要性

选择好饭店的位置通常是影响饭店成功的一系列重大决策的第一步（表2-1）。美国饭店管理专家卡伦博士有句名言："一家饭店经营管理好坏的因素，第一是选址，第二是选址，第三还是选址"。地址的选择对于一家饭店平衡资金与经营发展，起着至关重要的作用。错误的店址选择，将会给饭店今后的经营管理带来很大的困难。

表 2-1 商圈与适合的饭店类型

商 圈	饭店类型
商业圈	适于商务饭店和普通饭店
游览圈	适于普通饭店、汽车旅馆和商务饭店
度假圈	适于度假饭店和普通饭店

（二）饭店的可进入性

饭店的位置必须易于进入其目标市场。例如，如果饭店位于城市中心区，它应该离中心商业区、金融区、娱乐区或主要的会展中心很近。这里的公共交通也应该很方便。如果饭店位于公路旁边，应该考虑这条路是否为主要公路或者是否将继续成为主要公路（表 2–2）。

表 2-2　交通位置与饭店类型

交通位置	饭店类型
交通枢纽	适于机场饭店、汽车旅馆、商务饭店和普通饭店
交通集散点	适于机场饭店、普通饭店和商务饭店
干线交叉点	适于商务饭店、汽车旅馆和普通饭店
长途干线终点	适于度假饭店和普通饭店

（三）饭店建设成本

在饭店筹建开始阶段，土地成本是决定项目可行性的关键问题，因为它是以后饭店平均房价的一个主要决定因素（表 2–3）。在选址的花费，通常包括了获得土地的租赁权，以及其他产权等方面的成本。

表 2-3　饭店的建设成本

饭店建设成本	费用计算
建筑物成本	建筑物总面积 × 每平方米造价
设施设备条件	基础设施与设备 + 室内设施与设备 + 室外设施与设备
软成本	咨询费 + 设计费 + 筹资用资成本 + 营业费用
土地成本	一般占饭店总资产的 10% ~ 20%

二、饭店选址步骤及方法

（一）饭店选址步骤

饭店选址可按以下几个步骤进行。

（1）确定饭店长远的经营目标；

（2）根据饭店长远目标确定目标市场；

（3）根据目标市场确定饭店功能类型；

（4）根据饭店功能类型进行选址。

（二）饭店选址方法

通常采用调研判断法，调研内容有以下几个方面。

（1）目标区域的人文情况（如市场观念等）；

（2）地理因素（如有无其他地质灾害等）、法律、价格控制、许可政策等。

（3）同行业竞争对手；

（4）交通情况；

（5）目标客户群；

（6）饭店的开房率；

（7）饭店平均房价；

（8）水煤电路等公共工程设施的情况；

（9）地段用途类别；

（10）周边开发计划；

（11）居民收入水平；

（12）劳动力市场供应情况。

三、饭店选址调查

（一）有效商圈范围的调查

对于新设店铺商圈的划定，往往通过调查评价，包括对市场趋势的分析和对消费者的调查。

市场趋势分析要收集有关资料，如人口分布的预测、新住宅的兴建、公共交通运输、城市规划等方面的资料。对消费者的调查，如往返于商店的距离和花费的时间多少是顾客乐于接受的，一家商店的位置要具备哪些特征才能吸引顾客，最可能来新店的顾客的住址等。分析市场趋势和调查消费者这两方面可以同时采用，也可只用其中一项，都可为勾划商圈轮廓提供依据。

要划定一家新设店铺的商圈界限，可使用美国学者威廉·雷利提出的雷利法则，也称为“零售引力法则（定律）”。他认为，由于人口的多少和距离店铺的远近，商圈规模而有所不同。最临近商圈的人口和里程距离两方面影响店铺吸引力，其内容是在两个社区之间设立一个中介点，在此中介点顾客可能前往任何一个社区购买，这个点对顾客具有同等吸引力。

雷利法则假定两地的交通条件和供应状况是相同的，A 社区的商圈范围为 15 千米，B 社区的商圈范围为 5 千米。实际上，任何两地的交通条件和供应状况都不会完全相同。因此，企业在确定商圈时，要考虑到不同地点的实际情况，对测定的商圈大小进行适当的调整，使之更接近真实情况。雷利法则适宜于主要以汽车为交通工具的地区，对人口密度高、购物主要以步行为主的地区，可能更多地考虑步行的距离对商圈的影响作用。

以下介绍国外商贸餐饮企业选址经验。

仓储式商场实行会员制度。许多商品都是成批购买，商圈范围可达到 50 千米；

大型综合超市卖场面积大，经营商品种类丰富，可吸引远距离的顾客，商圈可达到 15~20 千米；

标准食品超市主要经营食品，商圈一般为 5 千米；

传统食品超市经营的商品种类少，商圈为 1~3 千米；

便利店因为经营商品种类少，而价格又比其他的超市高，消费者购买主要是为了求方便，因而商圈只有 500 米左右。

（二）商圈的顾客群调查

商圈内的顾客群分为流动人口、常住户两部分，这两种人口对营业额的影响不同。

1. 流动人口的测定方法

（1）指定专人（最好是两个以上的人员，可轮流测量，获得全天的测试资料）到预定的店址测定各年龄层的人数；

（2）将几个时段内测定的流动人口数平均，得到每小时平均人数；

（3）预估不同年龄层可能发生的客单价，即每一个顾客的购买金额；

（4）预估入店率，即流动人口中进入店铺的人数比例。

2. 常住户测定的方法

（1）按商圈范围分层测定住户数。当前资料可从居民住宅区的居委会获得，未来资料可从政府有关部门获得；

（2）根据远近距离估计入店率，第一商圈最高，第二商圈次之，第三商圈最低；

（3）客单价预估则与入店率成反比，距离近、常上门的顾客，其购买单价通常不会太高，而距离远、上门次数少的顾客，其购买的单价通常较高。

3. 问卷调查表发送方法

住户的情况调查是耗时最大的调查项目，而且了解的越详细越好。有关资料的收集可借助问卷调查表，无论采取什么方式，都必须有必要的诱导，如重要性说明，赠送小礼品，按问卷编号开奖等。

调查表发送渠道：

（1）委托专业人员上门分送；

（2）与居委会合作分送；

（3）与学校合作，通过中小学生送达到家庭；

（4）邮寄或直接送入住宅区的信箱内。

（三）商圈内的竞争店调查

在做商圈内竞争店调查时，必须考虑到下列因素：现有同种业态店铺的数量、规模分布、新店开张率、所有店的优势与弱点、短期和长期变动以及饱和情况等。任何一个商圈都可能处于商店过少、过多或饱和的情况。过小的商圈内只有很少的店，提供满足商圈内消费者需求的特定产品与服务，以致每家店都得不到相应的投资回报；一个饱和的商圈内的店数目恰好满足商圈内人口对特定产品与服务的需要。

饱和指数表明，一个商圈所能支持的商店不可能超过一个固定数量，饱和指数可由下式求得：

$$IRS=C\times RE/RF$$

式中 IRS——某商圈的零售饱和指数

RE——某商圈内消费者人均消费支出

C——某商圈内的顾客数

RF——某商圈内的饭店数目

[例] 有三个地区，它们的顾客与饭店情况：

$IRS_A=80000\times 10/25000=32$

$IRS_B=50000\times 15/30000=25$

$IRS_C=30000\times 20/10000=60$

一般来说，应选择饱和指数较大的商圈开店。因为饱和指数越大，意味着商圈内的零售潜力越大；饱和指数越小，商圈的零售潜力越小。

（四）开业后餐饮营业额估算

1. 营业额的估算考虑因素

（1）商圈内常住居民的购买量；

（2）商圈范围内企事业单位的购买量；

（3）流动顾客群的购买量。

2. 商圈内常住居民的营业额估计：

住户营业额估计 = 户数 × 入店率 × 客单价

例如：

第一商圈：80×45%×50=1800（元）

第二商圈：350×25%×58=5075（元）

第三商圈：600×10%×70=4200（元）

住户总营业额：1800+5075+4200=11075（元）

四、项目选址案例

（一）麦当劳——24 小时营业的全球知名快餐连锁店

1. 基本信息

（1）业态　快餐；

（2）主要网点　26 个省市、自治区及直辖市；

（3）客单消费　6~50 元；

（4）目标人群　大众消费者；

（5）拓展区域　全国；

（6）开店计划　2011 年麦当劳计划开设 175~200 家新餐厅，并计划于 2013 年将在中国的餐厅数量增加到 2000 家；

（7）店铺总数　1100 余家；

（8）开店方式　直营、特许加盟。

2. 选址要求

（1）首选物业　商业综合体、购物中心、商业街、写字楼底商及配套商业；

（2）物业使用　租赁、合作；

（3）需求面积　200~600 平方米；

（4）合同期限　10~20 年；

（5）选址标准　城市及商圈选择标准：不限，以商圈考察而定。

3. 经营面积与楼层要求

（1）卖场楼层　首层或二层（看商圈而定），实用面积在 200~600 平方米之间；

（2）卖场层高　净高至少 5 米。

4. 主体建筑要求

（1）楼板承重　350 千克，局部需要 500 千克；

（2）给排水 / 排油 / 排污 / 烟道　按当地政府规定的要求设置；

（3）供配电负荷　350 千瓦；

（4）硬件设施要求　合法的建筑项目。

（二）永和大王——知名中式快餐品牌

1. 基本信息

（1）业态　快餐；

（2）主要网点　北京、深圳、杭州、天津、武汉；

（3）客单消费　10~80 元；

（4）目标人群　大众客群；

（5）拓展区域　永和大王计划开拓北京、上海、天津、广州、深圳、杭州六个一级重点城市市场；

（6）开店计划　2011 年全国计划开店 100 家，上海地区计划开店 20 家；

（7）店铺总数　200 家；

（8）开店方式　直营、加盟、连锁经营。

2. 选址要求

（1）首选物业　商业综合体、购物中心、商业街、写字楼底商及配套商业；

（2）物业使用　租赁、合作；

（3）需求面积　220~300 平方米；

（4）合同期限　8 年。

3. 选址标准

（1）门宽　10 米以上；

（2）红线墙　根据合同租赁范围进行相应的墙体隔断，租赁范围内应为独立空间；

（3）上水　需提供一不小于 DG25 毫米管径的上水管到租赁范围内；

（4）排水　需提供一不小于 125 毫米管径的排水管到租赁范围内，并应有可安放不小于 1 立方米的隔油池的位置；

（5）供电 需提供供电电容不小于 150 千伏 /380 伏的电力，提供独立计量表具，并需将供电电缆排放到租赁范围内；

（6）消防 需提供租赁范围内消防设施的免费连接和相应的设施安放容量；

（7）排风 需提供一不小于 1500 立方米 / 小时的排风独立管。

（三）必胜客——全球知名比萨连锁品牌

1. 基本信息

（1）业态 西餐、快餐；

（2）主要网点 国内各大省市地区；

（3）客单消费 80~300 元；

（4）目标人群 年轻群体、白领；

（5）拓展区域 必胜客（pizzahut）计划向中国一线、二线、三线城市逐级扩张，从沿海城市、经济发达地区逐步向西南、西北、东北等区域全面拓展市场；

（6）店铺总数 500 家；

（7）开店方式 直营。

2. 选址要求

（1）首选物业 商业综合体、购物中心、商业街、写字楼底商及配套商业；

（2）物业使用 租赁、合作；

（3）需求面积 300~1000 平方米；

（4）合同期限 十年。

3. 选址标准

（1）面积 首层，300 平方米（使用面积）；

（2）高度 楼板到梁底高度，不得低于 3 米；

（3）楼板承重 厨房区楼板负荷为 450 千克 / 平方米，餐厅区活荷载为 250 千克 / 平方米；

（4）供电 提供空调及 200 千瓦的用电量，并提供一条 185 铜芯电缆于甲方配电室引至指定位置，自设配电盘，并独立安装电表；

（5）供水 提供 25 吨 / 天的水量，供水管径为 2.5/3.0 英寸，水压不小于 2.5 千克 / 平方厘米，并具有相应的用水指标；

（6）排水 提供相应的排水管线位置。

（四）如家经济型酒店选址要求

1. 基本信息

（1）业态　住宿业、连锁经济型；

（2）区位要求　邻近主要公路（或高速公路）的交叉道口，交通便利，有通往商业区及机场、火（汽）车站的公交线路；市郊结合部；

（3）建筑要求　独栋，周边有停车场；

（4）面积租期　建筑面积 3000~6000 平方米，基本年限 10 年以上；

（5）合作方式　特许经营、租赁、共同投资。

2. 地区选择

（1）首都、国家经济中心城市、直辖市；

（2）省会城市、计划单列市、经济特区或区域经济中心城市；

（3）经济发达的城市——国内生产总值（GDP）在 400 亿，城镇居民人均收入在 9000 元 / 年，市区人口数在 100 万，市区流动人口数在 40 万以上的城市；

（4）沿海开放城市、经济带中重要的辐射城市，交通枢纽城市；

（5）交通便利，有核心支柱产业，商业流动发达的城市、全国经济 100 强县级市。

3. 地理位置

（1）位于首都、国家经济中心城市、直辖市类城市的市级、区级或其他城市的市级商务区、商业中心、会展中心、物贸交易中心、交通中心、大型游乐中心、中高档（大型）居民住宅区、成熟开发区；

（2）邻近火车站、码头、长途汽车站、公路高速客运中心区域；

（3）邻近地铁沿线、高速公路城市入口处、主要道路交叉道口、交通枢纽中心、市郊结合部、商业网点、汽车终点站、大型停车场附近区域；

（4）邻近城市知名的大学或在校学生数量在 20000 人以上的教育区；

（5）具有良好的可见性，最好是“金角银边”（十字路口），最好有一定的广告位；

（6）最好邻近城市某个标志建筑、知名建筑或历史文化、旅游项目。

4. 交通条件

（1）交通条件是选址需要考虑的首要条件，一般以地铁站附近为上佳条件，因为地铁的覆盖面广、客流量大；

（2）在没有地铁的地区或城市中，在选址点的方圆 300 米内有 5 条以上能通达商业中心、机场、车站、码头的公交站线为好；

（3）邻近城市交通枢纽道路、大桥、隧道、高架、城市环线，车流大，具有可停留性；

（4）交通流动性好，进出口便利宽敞，快速路无隔离带路窄，最好不是单行线、有良好的可视性和可进入性。

5. 市场情况（周边环境）

（1）该城市酒店业全年经营情况（全年没有明显淡旺季，全年平均出租率在 70% 左右，客源情况稳定）；

（2）方圆 3 千米内可能的竞争对手情况（饭店、旅馆，他们的等级、客源结构、出租率、平均房价、经营情况等），选址时一定要考虑客流的主要动线会不会被竞争对手截住；

（3）选址区域内具有相当的客流量，具有可停留性，1 千米范围内是否有相应的配套（连锁超市、药店、银行、餐厅、咖啡店、茶艺馆、酒吧、学校、邮局、洗衣店、冲印店、加油站、综合休闲娱乐场所、购物中心或百货商场等）或与公共场所相邻；

（4）附近的企事业单位、学校的情况，如单位种类、单位数量、基本经营情况，具有的流动性客源情况等；

（5）经营区域人口状况、结构层次、经济收入、流动人口数量、客源流量；

（6）选址区域周边市容环境整齐干净（最好毗邻公园或大型绿地）；

（7）所在道路有一定知名度、有较大的市场潜力和良好的市场前景。

作业任务

调研分析：

根据完成的饭店基本情况调查，分析其选址特点，将相关优势与问题汇总一份调研报告。

项目 2 饭店项目市场分析

学习目标

- 能够准确叙述饭店市场分析，收集数据内容与来源；
- 能够准确叙述饭店市场数据分析指标内容；
- 能够使用饭店市场数据分析典型方法完成实地项目调研分析。

课程内容

一、饭店市场数据分析概述

（一）饭店市场信息

市场作为一切商品交换关系的总和，既是项目投资的起点，又是项目最终的归宿。任何项目都要以市场需求为前提，并且项目的最终目的是为满足市场需求，从而获得经济利益。市场是检验项目成败的唯一标准。

为了保障投资者的利益，避免盲目投资，饭店在投资建设之前，需要进行科学的市场分析。从逻辑上讲，饭店项目建设肇始于对市场力量的估计。投资方应弄清市场需要的是什么，并据此来设计饭店产品以满足市场需要。

市场信息是对市场运行特征进行客观描述的经济信息。类型有很多，归纳起来主要体现在两个方面：一是市场需求方面，凡是影响市场对产品需求的信息都认为是市场信息。如政治、经济、技术、文化、社会、自然等；二是市场竞争，一般指和竞争对手有关的经济信息，主要包括竞争对手的数量和分布、竞争对手的规模和市场占有率、竞争对手的服务水平、竞争对手的产品情况等。

（二）饭店市场信息分析

市场分析指的是对饭店的市场规模、位置、性质、特点、市场容量及吸引范围等调查资料所进行的经济分析。通过饭店建设项目市场分析，可以帮助进行重大的投资决策，比如饭店的定位、布局设计、产品的设计等，除此之外，还可以帮助饭店了解顾客和消费者的当前需求和潜在需求，发掘和评估市场机会。

市场分析主要指通过对饭店市场客源结构的分析，了解各个细分市场的需求量，根据各个细分市场的不同特点，对各个细分市场进行定量分析，便于了解饭店市场的总需求量。细分市场可以分为商务细分市场、度假细分市场、会议细分市场等。

二、饭店市场信息分析内容收集

（一）市场数据收集内容

饭店项目建设市场分析需要收集大量的信息，可靠的和经过证实的数据信息（不管是以前的还是当前的），对于准确地完成市场分析至关重要。市场数据收集的内容如表 2-4。

表 2-4 市场数据收集内容

<table>
<tr><td rowspan="2">经营环境信息</td><td>政治环境</td><td>包括：政府的有关方针、政策，如价格、税收、财政政策及有关旅游发展的方针政策等；政府有关法令，如旅游法、环境保护法、保险法、劳动法等；政府人事的变动，有关旅游机构的设置、变化，各种危机情况；消费者的政治倾向性</td></tr>
<tr><td>社会经济环境</td><td>包括：社会和经济制度的特点；经济结构和产业结构；教育制度和文化水平；宗教信仰、民族、风俗习惯、价值观；家庭人口结构和生活周期；人口及增长情况；居民收入及存款情况；物价水平及其结构</td></tr>
<tr><td rowspan="5">消费者信息</td><td rowspan="5">购买能力</td><td>个人可支配收入、消费水平及消费结构</td></tr>
<tr><td>消费者对新饭店产品的忠诚程度</td></tr>
<tr><td>消费者的消费欲望和消费动机</td></tr>
<tr><td>消费者的人口分布特点</td></tr>
<tr><td>消费者的购买习惯、出行季节、逗留时间</td></tr>
<tr><td colspan="2">行业竞争对手信息</td><td>包括：当地饭店的数量、等级、规模、布局；旅游中间商数量、规模、经营情况</td></tr>
</table>

（二）市场数据信息收集的来源

饭店市场数据信息的良好来源包括：政府的出版物，如普查资料、各类年鉴、政府报告、党政领导人讲话、各类会议决议等；行业内部资料，主要指大量用来为该行业内部服务的信息源，包括行业文献、专业杂志、各种行业协会出版物等；图书馆和各种研究机构；还包括同旅游、贸易业或其他专业协会代表、政府官员及旅游业中富有经验的其他人士的会晤。

（三）饭店市场数据信息收集的方法

1. 文献调查法

数据收集人员通过查阅相关报纸、期刊、网络、政府报告等文献资料进行数据的收集。

2. 观察法

数据收集人员通过观察，记录个人或团体的活动类型，以及各种行为在何时、何地发生，发生的频率和持续的时间。常用的观察方法有两种：一种是人员观察，一种是器械观察。

3. 问卷调查法

通过设计和发放调查问卷的方式了解调查对象的认识、看法、偏好等信息。

三、饭店市场数据分析指标组成

初步的市场分析由市场规模与消费水平分析、消费群体分析、竞争对手分析、市场定位、数据分析五部分组成。

（一）市场规模与消费水平分析

市场规模与消费水平对于饭店规模与档次的确定至关重要。主要考察指标如下。

1. 人流量

人流量的大小在一定程度上决定了市场规模的大小。在投资前应进行人流量的调查，通过对商务流、会议流、观光流、度假流、探亲流、当地客源流等人流量的调查来确定饭店所在区域的市场规模。

2. 消费水平

市场消费水平的高低决定了拟投资饭店的档次，饭店市场的消费水平可以用人均消费水平来反映。目前饭店业盲目追求高星级、超豪华，导致入住率低、经营无法进行的现象比比皆是，这与没有进行消费水平的调查有不可分割的联系。

3. 平均停留天数

游客的平均停留天数对饭店的规模定位有较大的影响。平均停留天数越多，意味着消费规模越大，市场需求量越大，拟投资饭店的规模就可以相对大一些。

（二）消费群体分析

饭店的消费群体根据其规模大小可分为目标消费群体、辅助消费群体和潜在消费群体。其中目标消费群体是饭店的主流消费群体，也是维持饭店经营发展的最重要群体。饭店投资者应根据自己的资源、技术、能力和特长，选择自己的主流消费群体，并为这些群体提供他们需要的产品或服务。

（三）竞争对手分析

竞争对手分析是为确定和分析竞争者与互补者的地位及优势所进行的研究。竞争对手的经营战略、目标市场、出租率、房价、产品的种类、设施的情况、人力资源状况都是分析的内容。通过分析，可以使饭店投资者找到自身的优劣势，并通过彰显优势做好市场定位，并在此基础上进行饭店产品设计与市场开发。

（四）市场定位

市场定位是在考察了竞争对手规模及主要产品、市场规模及消费需求特征等要素基础上做出的。处于筹备期的新饭店主要依据饭店所处的地理位置及投入营运后的设施、服务、经营理念与特点等自身富有竞争力要素进行市场定位。

（五）数据分析

数据分析阶段可以依次分为三个工作环节：编辑、编码和制表。

1. 编辑

在整理收集的市场数据时，要检查资料是否完整、是否需要修订和补充；必须审核记录的一致性，发生有矛盾的数据，应剔除不用或是要求重新调研予以补救。

2. 编码

数据信息一经核实校订，需按调研提纲的要求进行分类汇编，以文字或数字符号编号分类，以便归档查找和使用。

3. 制表

对于收集到的数据信息，运用各种统计方法加以分析，制成统计表或统计图。对于调研中发现的情况和问题，可以通过研讨加以分析论证，弄清调研对象的实际情况，从中得出合乎实际的结论。

四、饭店市场分析典型方法——卡尔·卡彻·恩廷（Carl Karch Ent）模式

美国餐饮企业家卡尔·卡彻·恩廷（Carl Karch Ent）设计了一个选址模式，这一模型是通过占有充分的市场资料，运用多元回归分析来预测和评估某一连锁餐厅的位置优劣。

（一）收集本区域数据

例如对于某一连锁餐厅位置来说，要想进行评估，都必须获得如下有关本区域的数据。

（1）附近街道上的日常交通流量（每天的车辆数）。

（2）本区域内所有餐厅的座位数。

（3）工薪阶层人口所占该地区人口的比例。

（4）10 分钟以内即可到达餐厅的职员的估计人数。

（5）周围 10 分钟就可到达的单身人数。

（6）本地区人口的平均年龄。

（7）营业区域内已有的连锁餐厅数。

（8）本区域方圆 2.5 公里以内的人口总数。

（二）建立线性回归方程：

$$Y= a-X[,1]A+ X[,2]B+ X[,3]C+ X[,4]D$$

其中

Y——这家连锁餐厅的预计销售额。

A——本区域内所有餐厅的座位数。

B——工薪阶层人口在该地区人口中所占的比例。

C——该地区人口的平均年龄。

D——10 分钟内到达这家餐厅的职员人数。

a——经验系数。

$X[,i]$——用来衡量 A、B、C、D 4 个因素权重的系数。

（三）主要信息参数

达到如下的要求，则在该区域内选择经营就具备成功的条件。

（1）本地区所有餐厅座位数 A 不少于 1200 个。

（2）该地区约有 75% 的人口属于工薪阶层，即 $B \approx 75\%$。

（3）该地区人口的平均年龄 C 在 26 ~ 32 岁之间。

（4）10 分钟内大约有 10000 名职员可到达这家餐厅，$D \approx 10\,000$。

（四）市场调查资料样例

市场调查资料样例如表 2–5、表 2–6 所示。

表 2–5　驻马店餐饮业市场调查表（样表）

<table>
<tr><td>名称</td><td colspan="6">巩记鸡头</td></tr>
<tr><td>地址</td><td colspan="6">交通路沿溪路口西 100 米</td></tr>
<tr><td rowspan="2">面积</td><td rowspan="2">250 平方米</td><td rowspan="2">包房</td><td>6 间</td><td rowspan="2">公共就餐区</td><td>12 台</td></tr>
<tr><td>人数 72</td><td>人数 50</td></tr>
<tr><td>从业人员</td><td>16</td><td>管理人员</td><td>2</td><td>服务人员</td><td>14</td></tr>
<tr><td>营业时间</td><td>10：00~24：00</td><td>菜系</td><td>特色小吃</td><td>消费层次</td><td>中等偏下</td></tr>
<tr><td>发展规划</td><td colspan="3">有分店扩张计划及连锁加盟经营计划</td><td>停车位</td><td></td></tr>
</table>

<table>
<tr><td>名称</td><td colspan="5">多美丽快餐厅</td></tr>
<tr><td>地址</td><td colspan="5">温州步行街</td></tr>
<tr><td rowspan="2">面积</td><td rowspan="2">200 平方米</td><td rowspan="2">包房</td><td>间</td><td rowspan="2">公共就餐区</td><td>35 台</td></tr>
<tr><td>人数</td><td>人数 100</td></tr>
<tr><td>从业人员</td><td>8</td><td>管理人员</td><td>1</td><td>服务人员</td><td>7</td></tr>
<tr><td>营业时间</td><td>10：00~22：00</td><td>菜系</td><td>西式快餐</td><td>消费层次</td><td>中等偏上</td></tr>
<tr><td>发展规划</td><td colspan="3">有分店扩张计划</td><td>停车位</td><td></td></tr>
</table>

续表

名称	德克士				
地址	实小街口				
面积	100 平方米	包房	间	公共就餐区	26 台
			人数		人数 98
从业人员	14	管理人员	3	服务人员	11
营业时间	10：00~22：00	菜系	西式快餐	消费层次	中等偏上
发展规划	受总部制约，本地区无法再开			停车位	停车不方便

名称	七十二行文化名吃城				
地址	春晓街文明路交叉口				
面积	大厅 400 平方米	包房	11 间	公共就餐区	20 台
			人数 120		人数 180
从业人员	60	管理人员	4	服务人员	40
营业时间	10：00~24：00	菜系	较杂	消费层次	中等偏上
发展规划				停车位	8

名称	巴乡鱼头				
地址	乐山路雪松路口				
面积	大厅 200 平方米	包房	4 间	公共就餐区	20 台
			人数 40		人数 120
从业人员	25	管理人员	3	服务人员	12
营业时间	10：00~24：00	菜系	特色小吃	消费层次	中等
发展规划				停车位	4

名称	多美奇西餐厅				
地址	乐山路美联生活广场一楼				
面积	200 平方米	包房	间	公共就餐区	12 台
			人数		人数 50
从业人员	16	管理人员	2	服务人员	14
营业时间	8：30~22：30	菜系	西式快餐	消费层次	中等偏上
发展规划	暂无分店拓展计划			停车位	8

续表

名称	塞北肥羊				
地址	雪松路乐山路口西 50 米				
面积	大厅 250 平方米	包房	5 间 人数 60	公共就餐区	24 台 人数 126
从业人员	22	管理人员	2	服务人员	12
营业时间	10：00~24：00	菜系	火锅	消费层次	中等
发展规划	有分店扩张计划及连锁加盟经营计划			停车位	停车不方便

名称	潘记烩面				
地址	雪松路乐山路口东 100 米				
面积	大厅 150 平方米	包房	间 人数	公共就餐区	18 台 人数 90
从业人员	18	管理人员	2	服务人员	12
营业时间	10：00~24：00	菜系	特色小吃	消费层次	中等偏下
发展规划	有分店扩张计划及连锁加盟经营计划			停车位	停车不方便

名称	天方美食广场（谭鱼头火锅）				
地址	沿溪路解放路口北 50 米				
面积	大厅 220 平方米	包房	16 间 人数 180	公共就餐区	22 台 人数 170
从业人员	40	管理人员	4	服务人员	26
营业时间	10：00~24：00	菜系	较杂	消费层次	中等偏上
发展规划				停车位	6

名称	小肥羊（全国连锁）				
地址	沿溪路健康路口				
面积	大厅 300 平方米	包房	4 间 人数 50	公共就餐区	38 台 人数 160
从业人员	25（不含后厨）	管理人员	4	服务人员	21
营业时间	10：00~24：00	菜系	特色火锅	消费层次	中等
发展规划				停车位	6

续表

名称	东来顺饭店				
地址					
面积	100 平方米	包房	间	公共就餐区	台
			人数		人数
从业人员	18	管理人员		服务人员	
营业时间		菜系		消费层次	
发展规划				停车位	

名称	一点香火锅				
地址					
面积	500 平方米	包房	间	公共就餐区	台
			人数		人数
从业人员	25	管理人员		服务人员	
营业时间		菜系		消费层次	
发展规划				停车位	

表 2-6　部分学校情况

学校名称	地址	教职工（人）	在校生（人）	合计（人）
驻马店第二初中	乐山路南段	143	2800	2943
驻马店教育学院	解放路	100	1400	1500
驻马店卫生学校	中华路	128	3000	3128
驻马店高级中学	解放路	207	4000	4207
驻马店师专	文化路	500	6000	6500
驻马店广播电视大学	解放路	100	4500	4600
驻马店财经学院	文化路	100	2000	2100
驻马店市师范学校	文化路	180	8000	8180
驻马店财税学校	文化路	68	300	368
驻马店市第八初中	东高庄	70	1200	1270

续表

学校名称	地址	教职工(人)	在校生(人)	合计(人)
驻马店市一中分校	乐山路北段			
驻马店二中分校	乐山路北段			
师范附小	六里庄	80	1000	1080
中原技术学校	雪松路西段	300	3600	3900
合计		1976	37800	39776

物业附近单位及家属区：

高招办、电视台、运管所、财政局、粮食局、税务局、公安局工程处、工商管理局、人防办、开发区管委会、公安局交警大队、技术监督局、水利局移民办、棉麻公司、联通公司、移动公司、通信公司、市运管处、市建委、金雀工业园、市公路工程处。

作业任务

调研训练：

选择一家饭店，按照本课调研样表及分析方法，完成基本情况调查，并做出一份市场分析。

项目 3 饭店可行性研究与定位

学习目标

- 能够简述可行性研究的概念；
- 能够简述可行性报告的概念与用途；
- 能够简述饭店可行性研究的内容；
- 能够运用饭店可行性报告框架目录编制可行性报告文件。

课程内容

一、饭店可行性研究概述

（一）可行性研究

可行性研究是确定建设项目前具有决定性意义的工作，是在投资决策之前，对拟建项目进行全面技术经济分析论证的科学方法，在投资管理中，可行性研究是指对拟建项目有关的自然、社会、经济、技术等进行调研、分析比较以及预测建成后的社会经济效益的科学论证。在此基础上，综合论证项目建设的必要性，财务的营利性，经济上的合理性，技术上的先进性和适应性以及建设条件的可能性和可行性，从而为投资决策提供科学依据。

可行性研究是以预测为前提，以投资效果为目的，从技术上、经济上、管理上进行全面综合分析研究的方法。可行性研究的基本任务，是对新建或改建项目的主要问题，从技术经济角度进行全面的分析研究，并对其投产后的经济效果进行预测，在既定的范围内进行方案论证的选择，以便最合理地利用资源，达到预定的社会效益和经济效益。

可行性研究可以帮助投资人确定拟建的饭店项目是否在经济上可行。此外，还有助于确定未来饭店的经营方式和经营规模，以及服务项目和服务形式等。不了解是否有市场的规模和特点就修建饭店是不明智的。

投资者可以自己进行可行性研究，也可以委托专业人员或熟悉饭店经营的咨询公司进行。一般来说，专业性的饭店咨询公司富有这方面的经验，又是专门的研究人员，做出的研究更有权威性。

（二）可行性研究报告

可行性研究报告是在招商引资、投资合作、政府立项、银行贷款等领域常用的专业文档，主要对项目实施的可能性、有效性、实施方法、相关技术方案及财务效果进行具体、深入、细致的技术论证和经济评价，以求确定一个在技术上合理、经济上合算的最优方案和最佳时机而写的书面报告。

投资可行性报告分为政府审批核准用可行性研究报告和融资用可行性研究报告。审批核准用的可行性研究报告侧重关注项目的社会经济效益和影响；融资用报告侧重关注项目在经济上是否可行。报告通过对项目的市场需求、资源供应、建设规模、经营模式、设备选型、环境影响、资金筹措、营利能力等方面的研究调查，在行业专家研究经验的基础上对项目经济效益及社会效益进行科学预测。报告用途主要有发改委立项、政府申请资金、申请土地、银行贷款、境内外融资等。

二、饭店项目可行性研究的内容

（一）市场概述

市场概述应简要说明饭店当地的商业和工业情况、经济发展和人口状况、当地消费水平、旅游交通、市政建设及发展趋势等。

（二）饭店位置和区域评估

这个环节中要系统地评价饭店未来所处位置的优、缺点。在说明地理位置时，要在地图上注明饭店项目的位置，说明饭店周围的环境、交通状况和行车时间，以及饭店周围的名胜距饭店的距离。另外还要掌握所在地现有的基础设施情况，如电话、水电、管道、煤气和有关的市政工程。同时还要了解土质情况、街道改扩建规划、停车条件、建设高度限制、饭店将来扩建和发展的可能性等。

（三）竞争分析

一个好的可行性分析应该仔细描述该地区所有的市场竞争情况和将来可能发生的市场竞争情况，这样才能揭示现行市场的规模和特性。内容应该包括竞争对手的设施、服务和价格水平。从这一部分内容可以找出曾经被忽略的机会或者竞争对手没利用的机会。

（四）需求分析

可行性研究必须回答关于潜在客源的问题，包括客户描述、客户来源、客源数量及增长变化、客源目前所在的饭店、争取客源的方法。

（五）设施和服务计划

这一部分要求分析人员提出关于拟建饭店设施的规模和类型及如何提供何种服务的建议信息。包括：饭店的性质；客房间数、大小和布局；餐厅数量、种类和大小；酒吧数量和大小；多功能厅大小；会议室数量和大小；其他设施，如游泳池、网球场、健身房、商务中心、洗衣房和出租的写字间等；饭店功能区域的划分；停车场与地下车库容量。

（六）投资回报分析

投资回报分析也称为收益分析，是投入与产出的分析，是饭店投资者最为关心的问题。投资回报分析包括投资额估算、投资回收期计划、年营业额预算、效益分析等内容。通过此项分析，可以使投资者了解拟建饭店能否得到预期的投资回报。

1. 投资分析流程

（1）先要评估市场行情和竞争对手的情况、当地的经济、人口、人均收入、客人的消费趋势、饭店所处的位置、饭店的设备设施、服务项目等。

（2）进行经营预测，预测饭店各营业部门的营业收入，包括客房营业收入、餐饮营业收入、娱乐场所营业收入、商场营业收入、出租场地营业收入及其他营业收入等。

（3）预测饭店的营业费用。主要包括客房营业费用、餐饮营业费用、管理费用、营销费用、维修费用、能源费用及与营业相关的各种费用。

（4）预测资本成本，包括土地的成本，同时包括地基开发和环境绿化费用、停车场和车道每平方米的建筑成本、饭店的建筑成本（每平方米的造价）、饭店装修的成本、饭店各种设备的成本等。

饭店的总营业收入减去饭店的总成本费用，得出饭店的营业利润；再用营业利润减去税收、保险费、利息、折旧等后，剩下的是债前利润。债前利润就是用来支付债务的。

2. 投资分析项目内容

内部收益率：累计净现值为0时的折现率。资金流入现值总额与资金流出现值总额相等、净现值等于零时的折现率。

总投资收益率：达产期正常年份的年利息 + 税前利润占项目总投资的百分比。

总投资收益率 =（平均利润总额 + 年利息）/ 项目资本金

投资收益率≥基准投资收益率，项目可行。

投资收益率 = 税后净利润 ÷ 总投资额 ×100%。（总投资额为期初投资额加入期间累计投资额；拆借金额须归还，不算投资总额）

投资收益率反映投资的收益能力。当该比率明显低于公司净资产收益率时，说明其对外投资是失败的，应改善对外投资结构和投资项目；而当该比率远高于一般饭店净资产收益率时，则存在操纵利润的嫌疑，应进一步分析各项收益的合理性。

净资产收益率又称股东权益收益率，是净利润与平均股东权益的百分比，是公司税后利润除以净资产得到的百分比率，该指标反映股东权益的收益水平，用以衡量公司运用自有资本的效率。指标值越高，说明投资带来的收益越高。

盈亏平衡点（BEP）= 该年固定成本 ÷（收入总额 – 可变成本 – 销售税金及附加）

当生产能力达到盈亏平衡点时，项目即可保本。低于这个能力时，项目将出现亏损，高于这个能力时，项目才能盈利。

铺底流动资金是为保证项目建成后进行试运转所必需的流动资金，一般按项目建成后所需全部流动资金的30% 计算。

三、饭店经营与产品定位概述

（一）饭店经营定位概念

饭店经营定位是指饭店根据企业自身的情况，着眼于市场上的消费群体，使自己的供给与这部分市场需求发生结构性对应的技术活动。通过饭店合理而科学的定位，能够实现企业可持续发展，获取市场竞争优势。科学的定位是充分挖掘市场潜力和市场机会的基本前提，也是饭店运营管理的目标指引。饭店的经营定位主要包括两方面的内容，一是功能定位，二是产品服务定位。

1. 饭店功能定位

饭店功能定位是饭店经营活动的重要依据，不同功能定位的饭店不论是在目标市场的选择上，还是在装修风格、产品服务的提供上都有很大的差异。

2. 饭店功能定位影响要素

（1）市场因素　不同市场定位的饭店，由于面向不同客户市场需求的具体特点，而在功能设计有不同的体现。如度假饭店、商务饭店、会议饭店等，它们各有不同的专业化设计；

（2）资本因素　饭店投资资本对于饭店功能支持有直接的限定作用；

（3）经营因素　定位应保证经营管理的正常进行。布局的科学性和合理性是保证饭店正常经营的基础。因此在饭店功能定位中对内部信息的传递、运作流线的处理、管理区域的控制、区域间的联系及抗干扰、多余环节的缩减都要进行考虑。

（二）饭店产品定位

饭店的产品是有形设施和无形服务的综合体，而有形设施主要是无形服务的物质基础与保障，顾客通过饭店产品的消费获得的并不是饭店产品的所有权，而是入住期间由饭店的多种因素构筑并影响的整体体验和经历。

饭店产品的定位就是通过产品的结构定位、档次定位、特征定位，实现饭店产品的特色与饭店的功能定位相符合，并通过一定的对内、对外推广销售形成市场认可的主题化定位过程。

产品定位过程主要包括以下几个方面。

（1）应当针对某一层次或目标市场客人的需求培养和创造自己的特色产品，树立鲜明的市场形象；

（2）应当详细说明产品能为目标市场客人提供的利益；

（3）产品定位要使产品给予客人的利益转化为客人对产品的态度；

（4）强调本饭店产品与竞争对手产品的差别，要让客人明确本饭店产品的优点和独特之处，即能给予客人独特的利益，使客人心甘情愿地选择自己的产品。

四、饭店产品定位的方法

（一）根据属性和利益定位

饭店产品本身的属性以及由此获得的利益能够使顾客体会到它的定位。

如饭店的“豪华气派”“卫生和舒适”等，这种定位方法，饭店往往强调产品的一种属性，而这种属性常是竞争对手所没有顾及到的。成都香格里拉饭店的超五星级概念，如家饭店的经济型概念等是这一定位模式。

（二）根据质量和价格定位

价格与质量两者变化可以创造出产品的不同地位。在通常情况下，质量取决于产品的原材料或生产工艺及技术，而价格往往反映其定位，例如人们常说的“优质优价”“劣质低价”正是反映了这样的一种产品定位思路。

（三）根据产品用途定位

发挥同一个产品的各个用途并分析各种用途所适用的市场，是这种定位方法的基本出发点。同样是一个大厅，它可以作为大型宴会、自助餐的场地，也可以被当成会议大厅接待各种会议，同时，还可以成为各种展示、展览的场所。对于这样的饭店产品，饭店可以根据其不同的用途，在挑选出来的目标市场中，分别树立起不同的产品个性和形象。

（四）根据使用者定位

这是饭店常用的一种产品定位方式，即饭店将某些产品指引给适当的使用者或某个目标市场，以便根据这些使用者或目标市场的特点创建起这些产品恰当的形象。许多饭店针对当地居民“方便、经济、口味丰富”的用餐要求，开设集各地风味为一体的大排档餐厅，便是根据使用者对产品的需求而进行的定位。

（五）根据产品档次定位

这种定位方式是将某一产品定位为其相类似的另一种类型产品的档次，以便使两者产生对比。例如一些饭店将自己客房产品的档次设定为与某一家公众认可的好饭店的客房档次相同，以求使顾客更易于接受他们的产品。另一方面这种做法是为某一产品寻找一个参照物，在同等档次的条件下通过比较，以便突出该产品的某种特性。如成都香格里拉饭店推出的公寓客房，突出在与标准间同等档次的前提下具备的厨房设施，更加适合家庭旅游者使用，从而达到吸引家庭旅游者购买的目的。

（六）根据竞争定位

饭店产品可定位于与竞争直接有关的不同属性或利益。例如饭店开设无烟餐厅，无烟意味着餐厅空气更加清新。这实际上等于间接地暗示顾客在普通餐厅中用餐，其他人吸烟会影响到自己的身体健康。

附　可行性研究报告文本的构成范例

以下为饭店可行性研究报告目录框架，可以根据需要删减调整。

第一章　饭店建设项目总论

第一节　饭店建设项目概况

1.1.1　饭店建设项目名称

1.1.2　饭店建设项目建设单位

1.1.3　饭店建设项目拟建设地点

1.1.4　饭店建设项目建设内容与规模

1.1.5　饭店建设项目性质

1.1.6　饭店建设项目总投资及资金筹措

1.1.7　饭店建设项目建设期

第二节　饭店建设项目编制依据和原则

1.2.1　饭店建设项目编辑依据

1.2.2　饭店建设项目编制原则

第三节　饭店建设项目主要技术经济指标

第四节　饭店建设项目可行性研究结论

第二章　饭店建设项目背景及必要性分析

第一节　饭店建设项目背景

2.1.1　饭店建设项目产品背景

2.1.2　饭店建设项目提出理由

第二节　饭店建设项目必要性

2.2.1　饭店建设项目是国家战略意义的需要

2.2.2　饭店建设项目是企业获得可持续发展、增强市场竞争力的需要

2.2.3　饭店建设项目是当地人民脱贫致富和增加就业的需要

第三章　饭店建设项目市场分析与预测

第一节　产品市场现状

第二节　市场形势分析预测

第三节　行业未来发展前景分析

第四章　饭店建设项目建设规模与产品方案

第一节　饭店建设项目建设规模
第二节　饭店建设项目产品方案
第三节　饭店建设项目设计产能及产值预测
第五章　饭店建设项目选址及建设条件
第一节　饭店建设项目选址
5.1.1　饭店建设项目建设地点
5.1.2　饭店建设项目用地性质及权属
5.1.3　土地现状
5.1.4　饭店建设项目选址意见
第二节　饭店建设项目建设条件分析
5.2.1　交通、能源供应条件
5.2.2　政策及用工条件
5.2.3　施工条件
5.2.4　公用设施条件
第三节　原材料及燃动力供应
5.3.1　原材料
5.3.2　燃动力供应
第六章　技术方案、设备方案与工程方案
第一节　项目技术方案
6.1.1　项目工艺设计原则
6.1.2　生产工艺
第二节　设备方案
6.2.1　主要设备选型的原则
6.2.2　主要生产设备
6.2.3　设备配置方案
6.2.4　设备采购方式
第三节　工程方案
6.3.1　工程设计原则
6.3.2　饭店建设项目主要建、构筑物工程方案
6.3.3　建筑功能布局
6.3.4　建筑结构
第七章　总图运输与公用辅助工程
第一节　总图布置

7.1.1　总平面布置原则

7.1.2　总平面布置

7.1.3　竖向布置

7.1.4　规划用地规模与建设指标

第二节　给排水系统

7.2.1　给水情况

7.2.2　排水情况

第三节　供电系统

第四节　空调采暖

第五节　通风采光系统

第六节　总图运输

第八章　资源利用与节能措施

第一节　资源利用分析

8.1.1　土地资源利用分析

8.1.2　水资源利用分析

8.1.3　电能源利用分析

第二节　能耗指标及分析

第三节　节能措施分析

8.3.1　土地资源节约措施

8.3.2　水资源节约措施

8.3.3　电能源节约措施

第九章　生态与环境影响分析

第一节　项目自然环境

9.1.1　基本概况

9.1.2　气候特点

9.1.3　矿产资源

第二节　社会环境现状

9.2.1　行政划区及人口构成

9.2.2　经济建设

第三节　项目主要污染物及污染源分析

9.3.1　施工期

9.3.2　使用期

第四节　拟采取的环境保护标准

9.4.1　国家环保法律法规
9.4.2　地方环保法律法规
9.4.3　技术规范
第五节　环境保护措施
9.5.1　施工期污染减缓措施
9.5.2　使用期污染减缓措施
9.5.3　其它污染控制和环境管理措施
第六节　环境影响结论
第十章　饭店建设项目劳动安全卫生及消防
第一节　劳动保护与安全卫生
10.1.1　安全防护
10.1.2　劳动保护
10.1.3　安全卫生
第二节　消防
10.2.1　建筑防火设计依据
10.2.2　总面积布置与建筑消防设计
10.2.3　消防给水及灭火设备
10.2.4　消防电气
第三节　地震安全
第十一章　组织机构与人力资源配置
第一节　组织机构
11.1.1　组织机构设置因素分析
11.1.2　项目组织管理模式
11.1.3　组织机构图
第二节　人员配置
11.2.1　人力资源配置因素分析
11.2.2　生产班制
11.2.3　劳动定员
表 11–1　劳动定员一览表
11.2.4　职工工资及福利成本分析
表 11–2　工资及福利估算表
第三节　人员来源与培训
第十二章　饭店建设项目招投标方式及内容

第十三章　饭店建设项目实施进度方案
第一节　饭店建设项目工程总进度
第二节　饭店建设项目实施进度表
第十四章　投资估算与资金筹措
第一节　投资估算依据
第二节　饭店建设项目总投资估算
表 14-1　饭店建设项目总投资估算表单位：万元
第三节　建设投资估算
表 14-2　建设投资估算表单位：万元
第四节　基础建设投资估算
表 14-3　基建总投资估算表单位：万元
第五节　设备投资估算
表 14-4　设备总投资估算单位：万元
第六节　流动资金估算
表 14-5　计算期内流动资金估算表单位：万元
第七节　资金筹措
第八节　资产形成
第十五章　财务分析
第一节　基础数据与参数选取
第二节　营业收入、经营税金及附加估算
表 15-1　营业收入、营业税金及附加估算表单位：万元
第三节　总成本费用估算
表 15-2　总成本费用估算表单位：万元
第四节　利润、利润分配及纳税总额预测
表 15-3　利润、利润分配及纳税总额估算表单位：万元
第五节　现金流量预测
表 15-4　现金流量表单位：万元
第六节　营利能力分析
15.6.1　动态营利能力分析
15.6.2　静态营利能力分析
第七节　盈亏平衡分析
第八节　财务评价
表 15-5　财务指标汇总表

第十六章　饭店建设项目风险分析

第一节　风险影响因素

16.1.1　可能面临的风险因素

16.1.2　主要风险因素识别

第二节　风险影响程度及规避措施

16.2.1　风险影响程度评价

16.2.2　风险规避措施

第十七章　结论与建议

第一节　饭店建设项目结论

第二节　饭店建设项目建议

作业任务

实践任务：

请使用本课可行性报告目录框架，选择一家饭店调研有关信息，完成一份可行性报告。

学习单元三

饭店设计

项目 1 饭店建筑重点设计概要

学习目标

- 能够准确叙述饭店停车场设计原则；
- 能够准确叙述饭店前厅大堂设计原则；
- 能够准确叙述饭店餐厅设计原则；
- 能够准确叙述饭店会议室设计原则；
- 能够准确叙述饭店休闲娱乐项目设计原则；
- 能够准确叙述饭店客房设计原则。

课程内容

一、饭店停车场设计原则

（一）停车场设计总则

（1）所有停车场和车道必须用沥青或混凝土（密封）铺设和保护。斜坡和倾斜的行驶路面，应特别注意铺设材料的选择；

（2）所有区域内必须有坚固的路牙石和交通管制标志，并有合适的下水道通畅流入窨井口；

（3）窨井口必须避开汽车道路和人行道；

（4）所有区域必须有充足照明。

（二）户外停车场设计要求

（1）每个停车位至少 2.5 米宽 ×5.5 米长（另加行驶车道），并妥当地标记和编号；

（2）停车位数量一般每两个房间至少一个车位，每十个餐厅座位加一个车位；

（3）至少要为贵宾准备两个地面停车位。如基地条件允许，需设置占总停车数 20% 的地面临时车位；

（4）需设置大巴停车位。大巴的下客区，应当靠近饭店的主入口大门，或靠近饭店的团队接待入口；

（5）大巴停车区应设在一个僻静处，以保证从饭店入口处以及从饭店内的公共区域，都不能望见长期停留的大巴。

（三）地下停车场设计要求

（1）地下车位应该在门厅附近，通过简单的道路系统进入和驶出；

（2）饭店的大部分停车位都将在地下，要求有可以明确辨认的车道通往地下停车场；

（3）标准车位应为 2.4 米 ×4.8 米，加上车辆进入车位的行驶车道，与相邻车位的距离应不小于 6 米。单面进入的车位行驶车道至少 4 米宽，并且车辆只能单向行驶；

（4）地下车库应设有楼梯和电梯。并设有一个地下接待厅；

（5）所有停车场的排气管道应由柱子保护，以避免被汽车损坏，所有地下室停车场必须有足够的照明和良好的标志，设有柱子和墙面防护装置；

（6）每 60 间客房须准备一个残疾人车位；

（7）为了方便在地下停车的饭店客人进入饭店大堂，应设置停车场穿梭电梯。这些升降电梯可以照顾所有地下各层停车场，并且不仅停留在饭店大厅，也要可以通往设有饭店公共设施的各个裙房楼层。出于安全考虑，停车场穿梭电梯不允许与客房楼层直接连接。

二、饭店前厅大堂设计

（一）设计规划总体原则

（1）饭店入口大堂应提供一系列的空间给客人非常特殊的第一印象；

（2）大堂入口考虑设置不小于直径 2.4 米的旋转门，另需设置平开门，平开门宜设双门门斗；

（3）饭店到达处宜设置行李通道，能直接连接到行李房和服务电梯；

（4）入口设置礼宾台，行李房宜接近礼宾台；

（5）前台位置的设置应考虑不影响大堂入口的交通；前台办公室应邻近大堂前台，向总台开门连接；贵重物品存放室与前台办公室相连，员工从前台办公室进入，客人从大堂进入，设置柜台分隔；

（6）入口区域的后勤服务不应穿越入口与接待区域。

（7）入口区域需考虑附属设施（清洁间、行李房、机电等）的设计。

（二）大堂入口规划原则

在上下车处与大堂之间提供一个过渡的区域。应结合高质量，耐久的墙体与地面处理，灯光、标识与绿化（季节性的草木与花）是提供饭店给客人的第一与最后印象。停车库至大堂应提供楼梯与转换电梯以输送客人直接至饭店大堂。

面积应当足够容纳到达与离开的客人，并同时满足处理行李，残疾客人与紧急出口的要求。

（三）大堂空间规划原则

（1）在饭店前台与入口处提供座位 / 等候区；

（2）设计时避免服务流线穿过大堂；

（3）在大堂的转换区域（公共走道、楼梯、电梯厅等）应具有与大堂区类似的完成面、家具等设计元素；

（4）应设置大堂酒廊（大堂吧），或在大堂内提供同等的座位区；

（5）大堂的设计应结合艺术品的设置以反映当地的文化。

（四）前台空间规划原则

（1）应创造一个邀请性、个性化空间，但应注意不可设置在入口的直接通道上，避免影响从电梯到大堂出入口的人流动线，应注重人性尺度的入住登记环境；

（2）前台并不是饭店大堂中的视觉焦点，但仍需注意住客在大堂内的视觉可达性；

（3）总体风格上应当与大堂的设计一致且互补；

（4）入住登记与结账的功能是结合一体而非分区设置；

（5）前台办公区必须与前台紧邻。前台办公区与前台应同墙与门分隔。前台的设计应至少提供一个出口以允许员工可与大堂区的客人有接触。

三、餐饮设计

（一）餐厅总体设计原则

（1）每一个饭店必须提供全日餐厅、大堂吧（酒廊）。四星级饭店需提供中餐厅、宴会厅。五星级饭店必须另提供至少一个特色餐厅；

（2）中餐厅、宴会厅及特色餐厅，如果条件允许，应另设置垂直交通，便于疏散；

（3）全日餐厅座位数为客房数的 50%，每座面积 2 平方米。厨房面积不小于餐厅面积的 30%；

（4）全日餐厅开放式厨房与厨房相连，应保持足够的后勤通道宽度；

（5）全日餐厅兼顾客房送餐服务，全日餐厅厨房应紧邻服务电梯，由后勤通道相连且不应穿越客人区域；

（6）中餐厅大厅设计应考虑婚宴使用要求；

（7）中餐厅应设包房，主要包房都应设有独立卫生间和服务间，服务间宜设独立出入口；

（8）中餐厅包房区宜有独立送菜通道与厨房相连。送菜通道不宜穿越大厅。

（二）中餐厅设计原则

（1）中餐厅位置宜设置在二层以上或顶部楼层的公共区域；

（2）中餐厅的设计需保持入口、厨房以及一部分的座位区地坪必须保持同一标高，以方便残疾人与食品服务设备的使用；

（3）利用空间与视野的优势，不同标高的座位区可提供不同的服务范围；

（4）在开放区域不同标高楼板，必须提供护栏以防止客人在上下梯滑倒或从高处掉下；

（5）服务入口应避免从用餐区可看到厨房内部的视线（开放式展示厨房除外）；

（6）应提供分开的厨房进口与出口（卫生防疫审查要求）；

（7）提供 0.9 米净宽的门与视窗；门的开启角度不可超过 90°；

（8）入口应提供挡板以防止噪音与灯光从厨房传至用餐区域；

（9）中餐厅应设置若干用餐包房，包房内需有独立卫生间及服务间，服务间应设置单独的出入口，与包房入口分开，并向包房内开门；

（10）中餐厅内宜设置一间 20 人座的大包房，应设置 2~3 个可分合的联通式包房；包房内应设置休息区域和衣帽柜；

（11）包房的送餐通道不宜穿越大厅用餐区域；

（12）中餐厅大厅用餐区应考虑举行小型婚宴的可能；

（13）储藏室的大小应足够容纳儿童座椅、餐盘、备品、餐椅及类似的家具。位置不可干扰逃生口与客人流线。可以考虑设置在临近接待台、服务站或厨房入口附近。

（三）餐厅家具设计

（1）餐椅　可选用皮面和织布餐椅；织布需经过防污处理；

（2）餐桌尺寸（标准）　需依据菜品、摆设、餐饮概念，餐厅种类确定餐桌尺寸。

餐桌尺寸	餐位配置
0.6 米 ×0.9 米	2 个座位
0.9 米 ×0.9 米	4 个座位
圆桌直径 1.2 米	6 个座位
圆桌直径 1.4 米	8 个座位
圆桌直径 1.7 米	10 个座位
圆桌直径 1.8 米	12 个座位
圆桌直径 3.2 米	18 个座位
圆桌直径 3.7 米	21 个座位
圆桌直径 4 米	24 个座位

（四）餐厅功能区域设计

（1）视线　在大堂内应能看到餐厅位置，餐厅入口应朝向公共通道；

（2）入口　入口的设计与餐厅主题应一致。可考虑与大堂吧设置在一起；

（3）糕饼房　一般设置在全日餐厅入口处，并设通道与厨房相连；

（4）厨房　应能直接进入；

（5）采光　尽量提供自然光线；

（6）自助餐台区　可直接通向厨房，考虑从餐厅入口到自助餐台的直接视线；

（7）大小 / 区域　空间包括座位区，流线与自助餐区；

（8）高档用餐区　每个座位 2.5 平方米。纯座位区每个座位 1.5 平方米；

（9）吊顶高度　最小 3 米；

（10）座位区安排　座位区应分隔成至少 2 个区域，根据使用情况可考虑局部封闭或可变为私人用餐区；

（11）座位种类　提供不同形式的座位选择，如成对的双人桌（最少50% 数量）及 4 人桌。依所在区域与餐饮概念调整比例；

（12）散座区应选用 0.6 米 ×0.9 米的餐桌进行组合。

座位布局设计注意原则	提供可见到自助餐台的视线 提供方便的流线从座位区至自助餐台。但应避免餐桌太靠近自助餐台，以免干扰至自助餐台的交通 应提供可看到展示厨房的视线 以隔断和错层区域安排座位区，以提供开放性与半私密性空间的组合 座椅摆放应轻松活泼，可依据餐饮概念使用单椅与长条形沙发座安排座位

（五）餐饮自助服务区设计

（1）优先考虑将自助餐台分段设置，以方便顾客使用并避免排队情况；

（2）通常在用餐区设置一个或若干个厨师站，提供现场烹饪操作，可采用固定式或活动家具；

（3）在自助餐台附近提供后勤通道，方便食品加菜而不干扰到客人流线，在自助或半自助服务区为客人提供食品服务；

（4）自助早餐　只有在自助餐台区域提供早餐；午餐与晚餐可提供从厨房出入的点菜服务。在晚餐服务时，自助早餐台可能被隐藏或安排成下列其中一种的固定样式；

（5）隐藏式　在晚餐时如果自助餐台需隐藏，安排早餐区域于一个凹室内并提供屏风替代方案。食品服务设备通常设置于花岗石台面下；

（6）固定展示　如自助早餐在不使用时影响餐厅公共区域，应将自助餐台改装一个吸引人的台面或长形条桌，并加上鲜花展示或餐饮主题有关的摆件；

（7）在此类的自助餐台，食品服务设备通常不设于花岗石台面下。可提供一个台下式冷藏机组，上设冷却盘以冷却展示的食品，可不用碎冰盘；

（8）如果空间有限，自助餐可以用活动的木制品或桌子提供餐饮服务；

（9）通常设置一个厨师工作站在自助餐区内以提供如煎蛋饼或现场烹制的食品服务。

（六）宴会厅规划要求

（1）宴会厅需要有较高的净高空间，同时应设置吊顶上方的管道 / 通风设备空间与检修口；

（2）通常宴会厅应可以分割成 2~3 间小型宴会厅，但应注意分割比例以方便使用；

（3）宴会功能面积以 1.5 平方米 / 人计算，一般五星级饭店需设置容纳至少 500 人宴会厅，面积在 750 平方米以上；

（4）在宴会厅外提供一处较大空间，以供聚集、接待、登记、衣帽储存、休息的宴会前厅。面积通常是宴会厅净面积的 30%；

（5）通道宽度　最小 4.6 米；大的宴会厅需备有较宽的通道；

（6）吊顶天花　最小 3 米，应尽可能提高前厅净高；

（7）依据前厅空间的大小比例，安排座椅与家具；

（8）避免紧急通道放置障碍物；

（9）提供休闲座位区，为会议区域的客人提供放松心情与对话的活动场所。

四、会议室设计规划要求

（一）面积 / 区域

（1）会议室最小面积 60 平方米；

（2）天花吊顶高度 3 米净高；

（3）房间形状　不同类型；宽度不小于 5.5 米；

（4）三个以上会议室需提供一定面积的茶歇空间。

（二）通讯、音响 / 视讯

（1）提供电话；

（2）包括最少 2 个网络接口点与电插座；

（3）为了提供最大的使用弹性，非固定式安装投影幕、书写板、音响 / 视讯设备等；

（4）灯光控制：应设置在入口门旁，设置调光器面板。

（三）典型会议室设计

（1）典型的会议室至少 60 平方米；

（2）固定式会议桌，提供 10~20 人座位；

（3）固定式高档次会议桌及可调节高度带轮子的皮椅；

（4）电视与 DVD/VCR：提供现场制作的家具以放置音响 / 视讯设备；

（5）电插座：在长条桌台面附近应设电插座；

（6）信息接口 / 电源　提供最少 2 个信息点和电插座以供客人电脑之用；

（7）在会议桌的中央至少提供一个信息 / 语音接口与插座；

（8）五星级饭店会议桌可提供自动升降的显示屏；

（9）与吊顶设计相结合设置灯槽，并采用隐藏式灯光；

（10）采用嵌入式白炽灯和隐藏式灯具强调会议桌与长条桌；

（11）会议桌上方如设吊灯，应在会议桌中央统一协调吊顶高度、灯具大小与吊顶细部，以避免吊灯对视线造成干扰。

五、休闲娱乐设施规划通则

（一）健身中心规划要求

（1）提供一系列的娱乐活动，为宾客提供各种健身与休闲的体验；

（2）应提供一个较易识别的健身中心入口。结合标识、照明与双门玻璃以识别出入口；在入口即可有直接视线看见接待台；

（3）入口门可以采用与客房门一样的磁卡进出。避免服务通道在接待区穿过；

（4）接待区的完成面质量应与公共区域相一致；

（5）男女更衣间内需分别提供一个卫生间；

（6）最小的健身房是 75 平方米；

（7）心肺区器材设置通常包括跑步机、脚踏车、踏步机等。设立的位置应有室外的直接视线。设备的使用不受外界的干扰；

（8）一般健身区域提供可以支持多种运动的健身器材，如举重板凳，器械健身等。此区通常是个人的活动，要求高度的专注力与自我调控。提供高度的照明，应设有墙镜、背景音乐以及电视。可以不提供通向室外的视线，但最好有自然光线。

（二）游泳池规划要求

（1）室外游泳池的设置应根据当地气候条件进行考虑；

（2）游泳池最小尺寸 20 米 ×6 米，异型游泳池需保证 20 米 ×4 米的直道区域。游泳池深度 1~1.5 米，底部为均匀坡。如面积条件允许，可提供深度为 0.3 米的儿童游泳池或深度为 0.9 米的按摩池；

（3）较大的设施可以分开进行设置，特别是设在一个度假环境中心位置的室外游泳池；

（4）应提供在公共区域观察游泳池的观察窗；

（5）可根据实际情况设置休闲区域与游泳池，并靠近健身中心，同时应考虑可由客房层电梯直接到达；

（6）如果可行，室内游泳池应有室外视线；

（7）室外游泳池的位置应有直接的阳光；

（8）游泳池的形状需能同时满足游泳者与戏水客人的使用；

（9）游泳池面积　最小 2 米 ×6 米；

（10）最小深度　1 米；

（11）最大深度　1.5 米；

（12）游泳池低部最大斜坡 1/10；

（13）游泳池最小深度的区域　应占泳池面积的 15% 至 20%；

（14）浅水区域　以漂浮的救生圈或对比强烈的瓷砖颜色区分出来；

（15）台阶　提供 0.5 米防滑前沿，每个踏步的水平与垂直前沿应使用对比度高的颜色或其他方法以便提示高差；

（16）在游泳池边缘应提供压盖镶边并与铺面及硬质景观材料一致。游泳池边缘压盖的完成面质感与防滑材料应与泳池平台铺面匹配；

（17）隔音（室内泳池）　游泳池封闭的反射时间（RT）最大为 4 秒；

（18）平台排水　包括在游泳池压盖内沿的连续性平台排水沟；

（19）地板　防滑系数不小于 0.6 湿 / 干；

（20）照明　每隔 3 米应提供水底照明。提供水底灯具有保护回路并与紧急回路连接；

（21）室内游泳池保持 29℃常温；

（22）室内游泳池游泳水道通常为 6 米 ×12 米，1.2m 深。

六、客房设计基本原则

（一）大小 / 面积

（1）快捷饭店客房每间 24 平方米，4 米 ×6 米；

（2）四星级商务饭店每间 38 平方米，4.2 米 ×9 米；

（3）五星级饭店客房每间 45 平方米，4.5 米 ×10 米；

（4）超五星饭店客房每间 52 平方米以上，4.8 米 ×11 米。

（二）吊顶（离地板完成面最低高度）

（1）客房区域　低顶不低于 2.5 米，高顶不低于 2.8 米；
（2）卫生间吊顶高度 2.5 米以上；
（3）客房入口，浴室与衣柜：2.25 米。

（三）客房浴室

（1）四星级饭店要求提供三件套（坐便器、浴缸、洗脸盆与石材台面），五星级饭店要求提供四件套（坐便器、浴缸、独立式淋浴、洗脸盆与石材台面）；
（2）地板　与入口的地板有延续性的完成面（不可用门槛），使用地砖或石材铺贴；
（3）吊顶　采用防水石膏板吊顶，上防水油漆面层，不可使用活动吊顶或隔音吊顶；
（4）浴室配件　提供整体配套，家居样式的配件以及匹配的金属完成面，如抛光的镀铬或亚光或拉丝表面，但不可采用塑料面；
（5）电吹风　手携式，插电（非墙挂式），放置于衣柜或台面抽屉内；
（6）化妆镜（带灯）　主镜应带有防雾功能；
（7）层架　提供装饰性的钢化玻璃层架以及具有设计感的支撑件，比如在洗脸台镜子的两侧安装以及展示浴室用品，并与壁灯相协调；
（8）肥皂架　网状的肥皂架，安装在浴缸和淋浴房的墙角；
（9）卫生纸架　应设置两个，一备一用；
（10）浴巾存放架　设于洗脸台下方。也可在洗脸台下方设独立的浴巾存入盒；
（11）在无障碍客房，除了上述的标准配件外应另增加下列配件；
（12）浴缸转换凳　塑料面层，设置软坐垫与靠背，采电镀腿围绕浴缸并以浴缸夹钳系统将凳子固定在浴壁上。每个无障碍浴缸设一个；
（13）浴缸座位　白色塑料座位与拉丝面的不锈钢脚与橡皮脚垫。每个无障碍浴缸设一个；
（14）扶手　在无障碍浴室设扶手并可承受从任何方向 160 千克的力量；
（15）淋浴间座位　在轮椅可进入的浴室内设置折叠式座位。采用白色塑料与电镀铝合金轴承配件；
（16）浴室照明　应按照照度要求结合使用节能灯与白炽灯。嵌入式卤素筒灯设在洗脸盆正上方；

（17）洗脸台上方设一对装饰壁灯。在浴缸与淋浴间上方的嵌入式筒灯，应配有密封防水垫圈，在座便器与挂墙式艺术品上方设嵌入式筒灯。

（四）客房衣柜规划要求

应设在客房的入口门附近。如条件允许，尽量采用步入式衣帽间以提升客房档次。尺寸 / 面积：最小 1.5 米长 ×0.55 米深（净尺寸）；包括熨衣板、电熨斗及挂钩（或层架）。

（1）层架 / 抽屉 0.45 米宽立式开放层架与抽屉；

（2）层架　在挂衣杆上方提供连续性实木上漆或上色的层架，与衣柜完成面一致；

（3）挂衣杆　15 毫米直径，无缝镀铬钢管。应与衣柜同宽，设于层架下方并附挂衣架；

（4）外套挂钩　单钩、镀铬，设在熨衣板的对面墙上；

（5）挂衣架　弧形木制品，镀铬的挂钩可以与挂衣杆配套；

（6）客房保险箱　应设置层架以放置客房保险箱。后墙应预留保险箱电源；

（7）镜子　客房内应设置全身穿衣镜，高度不低于 2 米。

（8）照明　提供衣柜内置灯具，并由门的铰链旁的触碰开关控制。

（五）客房门设计要求

（1）应采用实心木门，并设置闭门器；

（2）门尺寸　最小 1 米宽，净开口 0.9 米，门高至少 2.2 米；

（3）门框　空心钢框，全焊接，1.52 毫米厚；

（4）固定 / 加固　提供加固，锚钉，利用固定件将门框安装于四周墙上。门框以岩棉填缝；

（5）在防盗链处的门框应加固以抗拒以外力侵入；

（6）入口门锁　按照业主与管理公司规定提供磁卡门锁；

（7）猫眼　最少 1600 角度；（在无障碍客房门设两个；一个在 1.5 米高度，另一个在 1.07 米高度）；

（8）逃生牌　设在靠房间一侧的门上。

（六）客房窗与玻璃

（1）外窗面积　大约占客房外墙的 45％；

（2）大窗户应优先考虑与其他的设计要求是否符合，如风压、地震、能源效率、建筑设计等。在一个会受到高风速与法规上有要求的区域，应使用耐冲击的外窗组合；

（3）开启窗　如果条件允许，应采用开启窗；提供最大 100 毫米的外窗开口与限制开口的安全窗挡；开启窗应可上锁并方便维修与操作；

（4）玻璃　提供清玻璃（避免镜面 / 带色的玻璃）、真空玻璃。落地窗 0.9 米以下应为安全玻璃，建议 0.9 米处设置外窗框架横梁。玻璃拉门与可能受到被人撞击的大面积玻璃窗，应使用钢化玻璃。

作业任务

实践调研：

实地考察一家饭店，根据设计原则标准对照其前厅大堂、餐厅、客房区域设计情况，是否与规范相符，整理存在问题的报告并在学习组讨论分享。

项目 2 饭店主题设计

学习目标

- 能够准确叙述饭店主题文化概念；
- 能够准确叙述五种饭店主题类型特点；
- 能够准确叙述饭店主题文化设计要求；
- 能够准确叙述饭店设计中常见问题；
- 能够准确叙述饭店装修改造实施流程要点。

课程内容

一、饭店主题概述

饭店主题是以某一特定区域特征、文化特质为素材设计建筑风格、装饰艺术，经营和提供服务的饭店，提供特定的文化氛围，让顾客获得富有个性的文化感受，同时将服务项目融入主题，以个性化的服务取代一般化的服务，让顾客获得欢乐、知识和刺激。

饭店主题化建设是市场竞争的产物，是饭店竞争进入高层次文化竞争的表现。体现在饭店由一般的生理舒适发展到了利用文化特征达到顾客获得欢乐、知识、心理舒适的高度，满足客人的根本需求和精神上的享受。历史、文化、城市、自然、神话、童话故事等都可以成为饭店借以发挥的主题。 根据主题内容和选材的不同，饭店文化主题可分为自然风光类、历史文化类、城市特色类、艺术特色类以及其他个性主题类，这是饭店主题研究中最普遍的分类方法。

（一）自然风光主题

以自然景观为背景，把富有特色的自然景观搬进饭店，营造一个身临其境的场景。比如巴西的阿里亚乌大树饭店，饭店建在一望无际的亚马逊原始森林里，305 套客房全是利用林中空间建造，并且都不直接和树木接触。其中有 8 幢掩映在雨林中的圆形塔式建筑物，都在离地面七八米高的森林空中，塔楼和塔楼之间有木板搭成的栈桥相通，这些空中栈道离水面 5~30 米，饭店房间与一般陆地饭店一样，但有趣的是调皮的猴子经常会溜进房里跟人要吃的。阿里亚乌大树饭店是最原始、最典型的自然风光型主题饭店，最初的目的是提供生态旅游，让人们更多的了解号称“地球之肺”的亚马逊森林对生态保护的重要意义。

（二）历史文化主题

以某段历史文化为选材，在饭店构建古代的世界，使顾客能够享受到穿越时空的体验并切身感受到历史文化的浓郁氛围。如四川以三国文化为主题的京川宾馆，以及把中国传统茶文化和当地资源完美结合起来的四川雅安西康大饭店。这些饭店在激活现代饭店资本的探索中，让地域特色文化实现了从文化资源向文化资本的高效转变。

（三）城市特色主题

以某一特色城市为蓝本，多以微观的方式再现知名城市的特色环境，使游客可以近距离的接触世界名城。如深圳威尼斯皇冠假日饭店采用中西合璧的管理模式，以著名水城威尼斯的文化进行包装，利用了众多可反映威尼斯文化的建筑元素，充分展现地中海风情和威尼斯水城文化。

（四）艺术特色主题

凡属艺术领域的音乐、电影、美术、建筑特色等都可成为这类饭店的主题所在。如亚洲摇滚音乐主题饭店——巴厘岛硬石饭店。硬石饭店的 418 间客房全部提供互动式影音娱乐系统，饭店内展出音乐文物、音乐家手稿、老唱片封面、歌唱家用过的服饰。饭店设有一流的专业录音棚，客人可以通过专业人员的帮助，自己录音、刻张 CD 带走。该饭店的成功之处就在于其市场细分十分明确，客源对象就是全世界的摇滚音乐爱好者。放弃其他音乐爱好者的市场，专营摇滚音乐产品，专门为摇滚音乐顾客提供一切有针对性的服务。爱好摇滚音乐的顾客成为饭店的忠诚顾客，是其他饭店抢不走的顾客。

（五）其他个性主题

除上述类型外，还有很多另类文化被发掘，很多的奇思妙想被应用于主题饭店的建设中，如位于美国纽约麦迪逊大道的“图书馆饭店”，楼层及房间的命名是以一般图书馆最常使用的“杜威十进分类法”（Dewey Decimal System）的类目名称来取名的，如三楼就命名为“社会科学（Social Sciences）”楼层，五楼为“数学及自然科学（Math and Science）”楼层等，每个楼层的房间再以各小类命名，如七楼“艺术”楼一号房间是“建筑（700.001 Architecture）”房，二号房间是“绘画（700.002 Painting）”房等，每间房间都会提供与这个房间名称相关的书籍。“图书馆饭店”是以独立经营精致旅馆而有名，以袖珍、高档著称，走的是一条“贵精不贵多，贵小不求大”的经营之路。

二、饭店主题文化体现

主题环境与氛围是饭店主题概念的物化，可以通过主题建筑、主题景观等外在实物的表征来透视饭店的主题，也可以透过主题装饰物等内部的实物表象来展示饭店的主题。

（一）饭店主题设计

饭店主题设计关键是主题的确定。在主题确定后，再确定建筑形态，如城堡型、碉楼型，还是帆船型、塔型等。然后就是内部装饰的确定，主要细节包括床单、窗帘、灯具、茶具、座椅、电话，乃至卫生间等，都应当融入主题元素。

一个成功主题的确定，应满足以下四个基本条件。

（1）适应市场需求；

（2）根植于本土文化；

（3）融合企业文化；

（4）串联相关产业。

此外，一个成功的主题不应该是单一的主题，应该在总体主题的引领下，形成针对细分市场需求的分主题系列，使饭店的客群不因主题而被拒之门外。

（二）饭店主题建筑、主题景观和环境协调

主题建筑是主题饭店的有形展示，在顾客首次购买时起着关键性作用。主题建筑除了要追求独特外，还应该把握好和周边地理环境的协调性，与周边环境的协调本身也是顾客体验的一部分。当然除了自然风光饭店外，还有名人文化饭店、历史文化饭店、城市特色饭店和艺术特色饭店等。各种主题

类型的饭店的不同，其所要展现的主题建筑与主题景观也不同。但主题景观和主题建筑的和谐一致能够对主题起到渲染作用，达到锦上添花的效果。

（三）饭店主题装饰物

从某种程度上讲，主题饭店是主题文化与饭店的完美结合，例如迪斯尼主题饭店就是依托成功的主题公园文化进行饭店经营。用于员工是流动的主题符号，因此员工工服是主题氛围的重要表现之一。除了员工工作服，主题装饰物与灯光和色彩的合理搭配，也能给顾客美好的主题氛围体验。

三、中国特色文化设计特点与发展趋向

（一）和平与知足的建筑基本精神

这种精神不像是哥特建筑的尖顶那样直指蓝天，而是环抱大地，自得其乐，哥特建筑暗示着精神的崇高，而中国宫殿庙宇式建筑则暗示着精神的安详和宁静。

（二）满足精神空间需求的聚落形态

聚落是一群人居住和生活的地方，分为乡村聚落和都市聚落。所在区域一般都是地形平坦、资源丰富、交通便利或有某种历史渊源的地方。从功能主旨上主要体现为提供日常生活所需、提供不同功能服务、提供情感方面支援、提供环境发展空间等。聚落的区域多为一带一个特色，各自根据自身不同的自然风景、历史古迹、民俗文化、人文活动、产业特色等，将其发展成为多元的聚落风格，甚至开发观光特色，各自都有着不同的生活方式。

（三）中国风水观的“负阴抱阳”原则

背山面水是中国传统风水概念的理想格局。背山可以阻挡北面的寒风，而面水可以迎接夏日的南风朝阳，争取日照，近水便于用水和运输以及养殖，缓坡可以避洪涝，植被能保持水土，调节小气候。

（四）中国饭店主题发展新趋向

1. 主题饭店与经济型饭店的结合

主题饭店与经济型饭店是我国饭店业发展的两大方向，前者以高端度假

市场为主，后者以中端商务为主，但在中国，大多数人都希望物美价廉，希望以低水平的消费获得高水平的体验，于是便出现了主题饭店与经济型饭店的混合经营方式，其表现为主题房间和主题楼层。目前在上海及北京等大都市已出现该类饭店，它们在原有经济型饭店基础上将房间进行重新装饰，利用墙上的海报贴画、音乐风格以及书籍报刊等的主题化，使每一个房间都具备一定的主题，从而为经济型客人在入住饭店时提供了更多的选择。

2. 主题饭店向主题景区的演变

如果说与经济型饭店结合是主题饭店的平民化趋向，那将饭店建设成为一个景区并对外开放参观就是主题饭店高端化的趋向。饭店最基本最传统的功能是住宿和餐饮，随着客源及需求的变化，饭店的功能也日趋多样，逐渐包括了商务、家居、度假、会议等功能，饭店已不仅仅是住宿产业，而且是为旅游提供多种服务、具备多种功能的生活产业。参观功能便是主题饭店的创新功能。现在我国的许多主题饭店如广州长隆饭店、深圳威尼斯饭店等都允许游客随便进入，游客可在饭店内参观游览各类装饰装潢、体验饭店整体氛围和了解饭店独特文化。目前我国主题饭店的参观仍是非营利性的，但随着饭店规模的扩大，将主题饭店发展为主题景区，延伸其观光游览功能和饭店营收渠道也是未来发展趋势之一。

四、饭店主题设计中的常见问题

饭店主题设计对饭店建设及营运成本高低、投资与经营成功与否关系十分重大。由于一些投资者、设计者不重视或不懂饭店的主题规划与设计，致使饭店设计中存在很多典型问题。

（一）没有基础调研与分析

饭店设计前，必须先完成市场调研、饭店选址、饭店定位、饭店规模档次确定、项目可行性分析等工作。有的投资人没有认真做好总体设计的前期工作，就直接开始了饭店设计工作。有的投资人仅凭参观了几家饭店的感性认识，就拍板投资建新饭店，设计单位没有介入到饭店筹建的初期阶段。

（二）设计表象化

饭店设计师不懂饭店管理的需要和各种设施的功能，没有从饭店特有属性和消费者的消费需求出发，而是从纯建筑艺术的角度进行设计。设计图纸过于轻率和简单，只是标准图例的简单组合，没有进一步的详细配套设计。造成饭店外观很漂亮，但内部功能规划、装修与装饰设计等很不专业，实用性很差，更缺少艺术性等问题。饭店开始运转后就要开始修建，不断地形成不该花费的改造成本或“二次投入”。

（三）全盘模仿设计

饭店没有因地制宜，也没有与满足饭店经营和消费者的需要相挂钩，只是单纯模仿某一家饭店或综合模仿多家饭店，甚至继承了原有设计的错误，导致只是某一饭店的复制，饭店外观设计和功能设计千篇一律，没有进步与创新。

（四）文化底蕴不足

饭店的设计缺少主题，简单以大量资金、新产品、新材料、新技术的堆砌和拼凑，过分追求时尚，整个设计没有灵魂、没有特色，甚至局部装饰与饭店的整个氛围很不协调。也没有专业系统的饭店用品设计，是由供应商设计或直接从市场上采购的通版产品。通版产品能满足产品的基本功能，但无法形成特有的产品文化。

（五）设计力量分散

我国新建饭店的设计多由一个设计单位负责设计，通常为某设计师牵头负责，再搭配 1~2 名新手作为助手。由于国内设计力量单薄，设计图纸常常漏洞百出，很难出精品设计。

饭店设计包括功能布局及分区设计、总体规划与设计、建筑设计、内外景观及园林设计、室内装修设计、机电与管道系统设计、标志系统（VIS）设计、交通组织设计、管理与对客服务流线（程）设计等内容。饭店设计人员也有着极其精细的分工，包括规划、市政、金融、市场、设备、消防、灯光、音响、室内建筑、装饰、艺术等至少十几个门类的设计，建一家饭店涉及到的用品、设备和材料多达数万种，每一种都要有精通的行家来选择和处理。我国往往是由多家设计单位分项进行设计，再由多个施工单位进行施工，这些设计和施工没有进行系统性统筹，多数情况为工程建设审批决策组织简单审阅即获通过并实施。

（六）业主视角与个人意志

由于设计师并不熟悉饭店的经营管理和顾客需求，很难满足饭店经营管理和客人消费需要，在设计饭店时往往只从饭店投资人的角度思考问题，以能够达到业主（投资人）的满意为最终设计目标。如从为业主省钱的目的出发完成饭店的前期设计，忽略长期的使用价值，尽管可以利用设计技巧来节省短期投资成本，但从长远来看，反而会增加维修拆改的成本。

也有的投资人（包括一些上级主管领导）将个人的意志、特殊喜好，强加到饭店设计中来，违背了饭店经营管理的客观需要。

五、饭店室内设计的发展趋势

（一）从单一商务饭店向会议、公寓、主题饭店和休闲度假饭店多元发展

随着综合国力的增强以及旅游业的发展，未来将是会议饭店、主题饭店、休闲度假饭店的发展阶段，这些饭店无论是选地规划还是功能分布均与城市商务饭店不尽相同。此类饭店不仅仅是要有健身、休闲娱乐活动等设施，还提供顾客对食物的选择及各种旅游项目的安排，饭店应有鲜明的特色，丰富的历史文化内涵。

（二）环保、绿色、可持续发展的民族和地域特色的设计方向

饭店设计坚持环保、绿色和可持续发展的理念，吸收本地、本民族和民俗的特色文化，使饭店体现出一种独特的文化个性，从而确定饭店特色的形象。饭店设计研究包括地域文化、民族文化、历史文脉，在方案设计中才能准确、合理地定位好饭店的文化内涵，使饭店具有深厚的文化底蕴和无穷的魅力，从而带给客人生理上、情绪上的享受。

（三）现代、简约和时尚与本土文化并重

要让饭店保持时尚，就要独立创新和标新立异。这种对新技术和时尚的追求才会使饭店生命之树常青。 饭店设计以清洁现代的手法隐含复杂精巧的结构，在简约、明快、干净的建筑空间里发展精美绝伦的家私、灯具和艺术陈设。去繁从简，建筑与室内设计潮流经过剧烈的震荡或超越后，再次得到新的平衡。

六、饭店装修改造的实施流程

（一）编制商业计划书

商业计划书以市场调研、竞争对手调研及自身资源调研取得的科学数据为依据，对饭店重新进行市场、文化、功能定位，按照三大定位制定营销战略，做出可行性分析报告，确定改造内容、投资总额及投资回收期。

商业计划书是制订工程策划书和整体设计方案的唯一依据，它反映了市场对改造内容及投资总额的刚性要求，是整个装修改造全过程的关键。

（二）编制工程策划书

工程策划书以实现商业计划书投资计划为依据，确定改造的各项内容，进行功能分区，平面布局，机电设备选配，主材、品种、档次选择定位，在严格控制总额前提下，确保工期、质量使用寿命和环保。只有这样，才能实现“施工不留隐患，竣工不留遗憾”的工程建设总目标。

（三）整体设计

严格按照商业计划书与工程策划书的要求，落实饭店的三大定位，制订整体设计方案，商业计划书和工程策划书是饭店改造整体设计的唯一依据，设计者必须领会“两书”内容，并在效果图、施工图、结点图上面贯彻始终。判断设计优劣的标准，不是领导人的个人喜好，而是看其能否符合“两书”要求。

（四）施工组织

依据整体设计方案，制订科学、严密的工程实施计划。包括考察、选择施工队伍，确定招投标，制定能对装饰公司形成约束的合同条款等，还包括开工后工期、质量、资金大盘子的控制措施。

（五）饭店的开业筹备

重新开业前，依据商业计划书确定的运营目标，进行开业筹备。包括布草、餐具、饰品、服务员工装等物品的选配，也包括按商业计划书的要求，重新建立组织架构，进行岗位描述，确定改造后的饭店人员编制，进行人力资源盘点、评估，制订招聘计划及现有人员培训计划，建立考核、奖惩体系等。

作业任务

调研考察：

调研一家主题饭店，就其在建筑、主题景观、装饰物、用品及服务氛围等方面体现主题的特点归纳总结，写出调研分析报告。

学习单元四

饭店组织筹备

项目 1 饭店组织架构与编制设定

学习目标

- 能够正确叙述饭店组织架构要素；
- 能够正确叙述饭店组织结构类型；
- 能够正确叙述饭店组织结构设计原则；
- 能够正确叙述饭店组织结构设计内容；
- 能够正确叙述饭店组织结构编制设计方法。

课程内容

一、饭店组织架构

（一）饭店组织架构

饭店组织架构是指饭店企业为了实现企业的经营目标，把各项业务活动进行分工，明确各自的责任和权限，形成由饭店管理人员、服务人员和其他工作人员所组成的组合体。它主要解决三个方面的问题：组织的劳动分工、资源的分配和使用、经营所得的分配。

（二）饭店组织构成要素

饭店组织架构一般有三个基本要素。

1. 特定目标

饭店组织都是为了一定的目标而存在的，没有目标，饭店组织也就没有存在的必要，目标是饭店组织存在的前提。一个饭店由不同部门组成，各部门又可分成若干单元，但这些部门都是为完成饭店总目标而成立的，并有各自的目标。

2. 组织成员

饭店组织是由一群人组成的，不同层次的人群形成了组织的有机体。饭店组织里有管理人员、服务人员和其他工作人员，这些人员相互关联，他们之间存在上下级关系、同级关系、部门与部门关系等，必须建立良好的人际关系，协调一致，发挥组织的优势，才能实现组织的目标。

3. 组织结构

在饭店组织内，如何处理好各方面的关系，必须要有统一的规则，这就是组织结构，即明确每个员工在组织中所处的位置及相应的职责，建立相应的职位、职权体系和管理制度。为了实现饭店企业的经营目标，饭店企业必须根据员工的特点、才能、素质等，科学分工，合理安排每个人的职位，使每个人都能发挥所长，各司其职。

二、饭店组织结构类型

由于社会和经济的发展，饭店内部和外部环境也在不断地变化，所以饭店组织的结构并不能一成不变，必须随着环境变化而不断变化。同时，由于各饭店组织目标、经营环境等因素的差异，组织结构也就有不同的模式，所以，在对其进行设计时，必须充分考虑自身的特点，设计出行之有效的组织结构，以保证饭店企业工作的顺利进行。常见的饭店组织结构主要有以下三种。

（一）直线制

直线制是一种最早期也最简单的组织结构类型。它是饭店从最高层到最低层，按垂直系统建立的组织结构类型。饭店总经理直接领导各部门经理，各部门经理向总经理负责，部门经理的管理权限只限定在本部门范围内，基层管理人员由部门经理负责。它的优点是：机构比较简单，管理权力集中，权责分明，命令统一，沟通快捷，工作效率较高。缺点是：对总经理或部门经理要求较高，要求其通晓多种知识和业务，是“全能型”的人物。在饭店规模较大、业务繁重的情况下，把所有的管理职能都集中到总经理或部门经理一人身上，显然是难以实现的，因此，这种类型的组织结构只适用于饭店规模不大，员工人数不多，业务比较简单的小型饭店。

（二）直线职能制

直线职能制是我国饭店企业普遍采用的组织结构类型，它兼有直线制和职能制两者的优点，既有直线制控制严密的长处，又有职能制充分发挥专业人员作用的长处。职能制中总经理不仅领导各部门经理，而且还领导各职能部门，职能部门在职权范围内又领导各部门的有关人员。职能制最大的特点是实行了专业化的分工，但容易形成多头领导，造成管理的混乱。所以根据饭店企业的实际情况，形成了直线职能制这一组织结构类型。饭店的各部门分为职能部门和具体业务部门，如前厅部、客房部、餐饮部、康乐部等属于具体业务部门，由总经理直接领导，形成垂直系统，实行直线指挥；而饭店的人力资源部、财务部、营销部等属于职能部门，执行专业管理职能，发挥专业管理作用，是最高管理层的参谋和助手。职能部门的指令由总经理批准后发布，由各具体业务部门经理对其下属下达执行命令，职能部门不直接对具体业务部门或其下属进行指挥，这样使职能部门既有效地发挥了管理职能的作用，又避免了多头领导和多头指挥。

直线职能制的缺点是权力过于集中，下级缺乏必要的自主权；各部门之间缺乏必要的横向联系，易产生脱节和矛盾，特别是一些需要团队合作的事项，往往难以实现；信息传递环节多，反馈较慢。因此，这种类型的组织结构比较适用中、小型饭店。直线职能制有多种形式，目前也有的饭店在总经理和业务部门、职能部门之间加了一个管理层次——总监，这主要是因总经理的管理宽度过大而设立的。总监可以分管某部门的工作，也可以分管几个部门的工作，但设置时应注意不要造成机构重叠。

（三）事业部制

随着经济的不断发展，饭店业公司化、集团化、多元化经营已成为发展的趋势，饭店企业的规模也越来越大，事业部制就是一种适用于大型饭店、集团化经营饭店、饭店管理公司的组织结构类型。它是在饭店企业内部，实行分权管理，对具有独立产品的市场或地区，设立若干事业部，每个事业部都是独立核算单位，拥有自主经营权。总公司按产品、市场、地区等因素，设立若干个事业部，每个事业部为一个饭店或多个饭店提供业务支持。事业部具有法人地位，能进行独立的经济核算，对事业部内部的计划、财务、市场销售、人事分配等方面有决策权。总公司控制事业部的一些经济指标，并负责筹措资金和事业部的主要负责人的任免等。总公司的工作重点是开发新市场、引进新技术等。

事业部制的优点是最高管理层摆脱了日常事务的管理，能集中精力做好饭店企业的战略管理和重大经营决策；各事业部有较大的经营自主权，提高了管理的适应性、灵活性和应变性；有利于培养全面的管理人才。缺点是：机构重叠，管理人员增多，管理成本增加；缺乏横向联系，易产生本位主义，从而牺牲总公司的整体利益和长远利益，不利于总公司资源的合理配置。饭店企业的组织结构类型各异，除了上述介绍的三种常见类型外，还有超事业部制、矩阵制等多种类型，这些组织结构各有利弊，具体到某个饭店要采用何种类型，应根据本饭店的具体情况而定。但不管采取什么组织结构类型，归根结底要有利于提高饭店的工作效率，有利于提高饭店的经营管理水平，有利于提高饭店的经济效益，充分发挥饭店企业的组织职能。

三、饭店组织结构设计原则

饭店属于劳动密集型企业，人员众多，以服务为主，如果没有科学合理的组织结构设置，饭店的经营目标是很难实现的。为保证饭店结构设置的科学合理，饭店在进行组织结构设计时应遵循以下原则。

（一）符合饭店经营目标的原则

饭店组织结构的设计必须围绕饭店自身的经营目标而展开，应根据饭店的经营范围、规模、档次等具体情况来决定，从饭店的实际出发，因事设部门，按需设部门，对饭店的资源进行合理配置和有效使用，总之，要保证饭店经营目标的实现。如小型饭店或业务比较单一的饭店，可以把一些部门合并，使机构尽量精简，部门经理之下可不设主管，既能减少管理人员，降低管理成本，同时又能保证经营的顺利开展；而大型饭店或业务范围比较广的饭店，应各自单独成立部门，一般部门经理之下可设主管，有的在部门经理之上还设有总监。管理部门的设置，必须明确其功能和作用、工作任务和内容，工作量是否充足，以及和其他部门的关系等。

（二）分工与协作的原则

对饭店来说，为了提高专业化程度和提高工作效率，常把一个复杂的工作分解成一些简单的环节，再分配给具体的个人去操作。这样分工明确，责任清晰，有利于提高服务效率。如前厅接待工作可分解为迎宾、行李、分房、询问、收银等环节，餐饮服务可分解为迎宾、领位、点菜、酒水、传菜、上菜、收银等环节。这样严格分工，分清各自的职责，便于工作效率的提高。当然，分工也不能过于精细，要适度，过细又易造成机构臃肿，人浮于事，反而会使工作效率下降，成本增加。专业化分工的同时，还必须加强相互协作，使各部门、各层次在工作任务、资源分配、职权与职责等方面达到平衡，做好上下级之间、各部门之间的协调，从而使各方面保持步调一致，齐心协力，高效率地实现企业的经营目标。所以饭店通常把协作作为必须履行的职责，纳入规范管理。

（三）等级链的原则

等级链的原则包括以下三个方面。

1. 内部管理层次

内部管理层次是指从员工到总经理之间分几级管理，要有一个明确的权力层次，清楚自己对谁负责，又有谁对自己负责。决策、指令由上层向下层传达，执行情况和信息反馈则由下逐级向上汇报。这种关系越明确，决策和信息的传达就越有效。现代饭店企业一般多采用管理层次较少的扁平式组织结构，指挥层次越短，则指挥越有效。

2. 责权对等

责权对等是指职位的职责和权力相一致。只有职责没有权力或只有权力没有职责，都不可能发挥工作效率，甚至会出现瞎指挥、滥用权力的现象。所以在职位设置时，必须坚持责权对等，以保证管理的有效性。

3. 统一指挥

统一指挥是指饭店的任何指令都必须保持一致，从上到下逐级发布，不能越级，各种指令之间不能发生矛盾和冲突，防止多头领导，避免相互扯皮和推诿，即使是职能部门对业务部门的各项指令，也应通过业务部门的直接领导来统一发布，避免职能部门干预业务部门的日常工作。

（四）管理跨度的原则

管理跨度也称管理幅度、管理宽度，是指一个管理者能够直接、有效地指挥和控制下属的人员数目。管理人员能够有效地指挥的下属人员的数量是有限的。如果下属人员过多，由于管理者的时间、精力、知识有限，就无法进行有效控制。如果领导的下属人员过少，又会增加管理岗位和管理层次，不利于下属人员工作积极性和创造性的发挥，所以适宜的管理跨度是组织管理中一个重要的问题。

管理跨度受很多因素的影响，如工作的性质、上下级的能力、工作的程序化和标准化的程度、外部环境的变化速度、内部沟通的方式、信息传达的方式等。管理跨度是否合理，需要通过管理效率来体现。在实际应用中，应从饭店的实际情况出发，灵活运用，不同的饭店有不同的情况，就是同一饭店不同的部门情况也会有差异，不能一刀切，关键是要有利于提高饭店的管理效率，使管理跨度的划分对饭店管理起到积极的作用。

一般情况下，总工作量一定，管理跨度越小，则管理层次越多，饭店的组织结构就趋向金字塔式；管理跨度越大，则管理层次就越少，饭店的组织结构就趋向扁平式。

（五）精简高效的原则

饭店在保证完成经营目标，且保质保量的前提下，应精兵简政，精简机构，设计最科学、最合理、最完善的组织结构，实行最有效的内部协调，负荷饱满，用最少的人员投入，把工作完成得又快又好，提高工作效率。

（六）发展创新的原则

饭店组织机构的设置是为了保证饭店经营目标的实现，而饭店的经营环境包括外部环境和内部环境，都在不断地变化。因此，饭店组织机构在设置时，就必须确立发展创新的原则，根据内外环境的变化，调整组织机构的设置，使企业与时俱进，持续、稳定地发展，从而最终实现饭店经营的目标。

饭店组织结构的设计并不是一成不变的，应根据饭店内部资源条件的变化、饭店外部环境的变化和饭店管理资源条件的变化不断进行调整，不断发展创新，这样才能充分发挥饭店组织职能的作用，保证饭店在激烈的市场竞争中不断发展壮大。

四、饭店组织结构设计内容

（一）确定饭店组织结构的总体模式

饭店组织结构的总体模式常见的有直线制、直线职能制、事业部制三种，除此之外还有其他的类型。确定饭店组织结构的总体模式主要根据饭店的性质、规模、等级、环境等一些客观条件，同时应结合饭店内部的情况，如饭店的经营战略、经营目标、业务状况、员工素质等综合考虑来选择饭店组织结构的总体模式。

（二）确定饭店组织机构

饭店通常有四类基本的职能机构。一是决策机构，它主要是对饭店的经营目标、发展方向、经营业务、经营策略等进行决策，所以决策机构的设计一定要科学和民主，以保证饭店决策的正确性。二是执行机构，它主要是对饭店决策机构做出的决策进行准确、有效的执行，因此，饭店执行机构的设计关键是要确立以总经理为首的业务指挥系统，要自上而下，统一指挥，逐级负责。三是监督机构，它主要是对饭店的执行机构进行监督，形成执行机构的制约力，没有监督的权力往往会迷失方向。四是反馈机构，它主要是对决策的执行情况及时进行信息反馈，让管理者了解决策在执行过程中是否有偏差，决策是否符合实际情况，是否要做些调整，避免整个管理活动陷入盲目的状态之中。

（三）确定管理层次和管理幅度

管理幅度的大小主要取决于管理者的能力、下属的成熟度、工作标准化的程度、工作条件和环境等。

1. 管理者的能力

管理者的能力越强，管理的幅度就越大，可减少管理层次，降低管理难度。反之，如果管理者的能力越弱，管理的幅度就越小，管理层次越多，管理难度也就越大。而管理者的能力主要表现在综合能力、理解能力、表达能力上，当这些能力都比较强时，就可以迅速把握问题的关键，能给下属恰当的指导建议，使下属明确理解，缩短了与下属沟通所需的时间，从而可以提高工作效率。

2. 下属的成熟度

下属在工作上越成熟，管理的幅度就越大，管理层次越少；反之，下属在工作上越不成熟，管理的幅度就越小，管理层次越多。下属的成熟度是指下属具有所要求的能力，训练有素，无需管理者事事指导。

3. 工作标准化的程度

当工作标准化的程度越高，管理者指导就越少，管理的幅度就越大，管理层次就越少，反之亦然。

4. 工作条件和环境

工作条件配备得越完善，管理的幅度就越大，反之则小。工作环境越不稳定，变化越多，下属向上级请示的就越频繁、越有必要，管理的幅度就越小，反之则大。

五、饭店岗位编制设计

（一）饭店岗位编制设计

是将企业经营所必须进行的活动划分成最小的有机相连的部分，形成相应的工作岗位。饭店岗位设计原则有以下几个方面。

（1）合理分工，这是岗位科学设计的基础，合理的分工可以提高专业化程度和工作效率，但也要避免因分工过细而造成的工作重复而琐碎，影响员工的工作兴趣；

（2）以责任为中心，这是岗位存在的理由。它决定了岗位在企业中的地位和价值，企业要根据责任大小赋予相应的权力、岗位名称、任职要求、岗位待遇等；

（3）根据员工的素质情况和人力资源市场的供求状况而定，不能脱离现状；

（4）考虑新技术的影响，新技术会带来新的岗位和新的要求。

（二）组织架构

组织架构是指一个组织整体的结构，是在企业管理要求、管控定位、管理模式及业务特征等多因素影响下，在企业内部组织资源、搭建流程、开展业务、落实管理的基本要素。

（三）编制设定

岗位编制主要是指在组织结构框架内进行的岗位设置和人员配置，以适当的人员充实组织结构所规定的岗位，从而保证部门的正常运行。

（四）饭店人力资源部开业筹备组织建设工作任务清单

（1）制订本部门的组织架构及编制；

（2）收集各部门报的组织架构及编制方案，与总经理及高层领导研究制订出饭店的组织架构和编制方案；

（3）对本地饭店业员工的工资和福利待遇进行市场调查；

（4）与总经理、财务部商讨本地员工的工资和福利待遇，及筹备期间的工资与福利待遇；

（5）设计出本部门开业后需用的所有人事管理表格，交采购部适量印刷；

（6）制定整个饭店筹备期间，员工培训期间的规章制度；

（7）与财务部讨论研究制定出各阶段各级员工的劳动合同；

（8）收集各部门的员工招聘计划，编制出完整的招聘计划；

（9）完成招工准备工作；

（10）印刷员工职位申请表；

（11）联系报纸或电台等做招聘广告；

（12）确定招工地点；

（13）联系并确定员工培训地点；

（14）草拟员工手册，反复讨论，定稿后交给财务部印刷，分发给员工；

（15）培训经理入职；

（16）与总经理，各部门经理研讨培训计划；

（17）审核各部门的培训计划；

（18）根据各部门培训计划制订出饭店完整的培训计划；

（19）制订本部门开业时需要的清单；

（20）与工程部及施工对查看员工更衣室（淋浴）、卫生间、食堂、宿舍面积与位置是否合理；

（21）按照计划全面展开招聘工作，经过多次面试后进行录用工作；

（22）安排录用员工的统一体检工作；

（23）与录用的员工签订培训合同；

（24）对录用员工进行系统的培训工作；

（25）与饭店总经理，财务部等研究确定员工税收保险购买问题；

（26）制订开业前，开业后人事部的费用预算；

（27）联系安排有关员工外派培训一切事宜；

（28）制订开业前后工资福利费用预算，报财务部总经理审批；

（29）按部门建立员工档案；

（30）编写人事部的操作手册；

（31）人事部员工的培训工作；

（32）组织安排员工考核，合格后录用为正式员工；

（33）组织、计划、指导食堂的建立和操作；

（34）根据开业庆典计划，协调部门做好人员调配工作；

（35）制订人员紧缺时的应急方案。

作业任务

调研分析：

调研一个饭店的组织结构图，试分析该饭店管理层级与跨度设置体现饭店管理者、员工、标准化及工作条件特点情况。

饭店工作岗位职责与任务管理

项目 2

学习目标

- 能够正确叙述饭店工作岗位职责概念；
- 能够正确叙述饭店工作岗位职责与任职要求；
- 能够正确叙述饭店工作岗位任职说明书；
- 能够正确叙述饭店工作岗位任务考核。

课程内容

一、工作岗位职责

（一）工作岗位职责概念

1. 工作岗位

岗位是饭店组织为完成某项工作任务，依照组织结构图而确立的工作职位。

岗位由工种、职务、职称和等级内容组成。

2. 岗位职责

饭店岗位职责是指在饭店组织中，每一个岗位所要求的、需要去完成的工作内容以及应当承担的责任范围。岗位职责是职务与责任的统一，由授权工作范围和相应的责任两部分组成。具体指工作中所承担的一项或多项相关任务组成的活动。如饭店的销售人员职责包括市场调查、饭店介绍、销售服务等多项任务。

3. 岗位职责说明书

岗位职责说明书是饭店确定员工责任的明确岗位职责规定，是对岗位职责进行合理有效的分工说明，作用是促使工作人员明确自己的岗位职责，认真履行岗位职责，出色完成岗位职责任务。

一份完整的岗位职责应该包括如下内容：部门名称、直接上级、下属部门、部门性质、管理权限、管理职能、主要职责等。

（二）岗位职责说明书的制定原则

1. 让员工准确认识岗位的工作性质

不能简单的把岗位职责理解为“我是干什么活的”，虽然这种认识在社会上带有普遍性。每一个人都需要充分认识自己岗位职责的内涵，以便把握好自己的定位。任何岗位职责都是一个责任、权力与义务的综合体，有多大的权力就应该承担多大的责任，有多大的权力和责任就应该尽多大的义务，任何割裂开来的做法都会发生问题。

不明确自己的岗位职责，就不知道自己的定位，就不知道应该干什么、怎么干、干到什么程度。员工必须在本职岗位的工作中主动发挥自我解决、自我判断、独立解决问题的能力，以求工作成果的绩效实现最大化。

在岗位上各阶段工作的执行，应该由岗位上的员工主动发挥创造力，靠他自己的自我努力和自我协调的能力去完成。让岗位员工认识到这个岗位中所发生的任何问题，并由自己着手解决掉，上司只是起辅助作用，岗位工作是由自己做的，而不是为上司或者老板做的，岗位是个人展现能力和人生价值的舞台。

2. 岗位职责包含多项工作内容

在制定岗位职责时，要尽可能考虑一个岗位包含多项工作内容，以便发挥岗位上的员工由于长期从事单一型工作而被埋没了其他才能。丰富的岗位职责的内容，可以促使一个多面手的员工充分发挥各种技能，也会收到激励员工主动积极工作的意愿的效果。

3. 工作岗位转换可能性

在饭店人力资源许可情况下，可在某些岗位职责里设针对固定期间内出色完成既定任务之后，可以获得转换到其他岗位工作的权利。通过工作岗位转换，丰富了饭店员工整体的知识领域和操作技能，同时也营造饭店各岗位员工之间和谐融洽的文化氛围。

二、岗位任职要求与岗位任职说明书

（一）岗位任职要求

岗位任职要求是指根据职务描述所提供的信息拟定工作资格。制定岗位任职说明书的目的是决定重要的工作个体特征，以此作为人员甄选、任用和培训的基础。任职说明书主要包括以下内容。

（1）一般要求　指从事饭店工作的一般性要求，如年龄、性别、学历、工作经验等；

（2）生理要求　指该工作对工作人员的身体状况和身体素质方面的要求，如外表形象、健康状况、感觉器官的灵敏度、力量与体力等；

（3）心理要求　指饭店工作人员应具备的知识、技能、能力等个人特征，主要包括观察能力、记忆能力、理解能力、学习能力、解决问题能力、创造性、数学计算能力、语言表达能力、决策能力、特殊能力、性格、气质、兴趣爱好、态度、领导能力等。

（二）岗位任职说明书（表 4-1）

表 4-1　管理人员岗位工作说明书样例

<table>
<tr><td colspan="3">岗位名称：餐厅经理</td></tr>
<tr><td colspan="2">隶属于：饭店餐饮总监</td><td>指 挥 到：领班</td></tr>
<tr><td colspan="2">班　次：行政班</td><td>工作时间：9:30~14:00　16:30~21:30</td></tr>
<tr><td>工作职责</td><td colspan="2">在饭店驻店经理的直接领导下，全面负责餐厅的日常服务管理工作
完成上级交办的其他任务</td></tr>
<tr><td>工作内容</td><td colspan="2">接受上级领导
参加饭店工作会议
听取领导布置工作
汇报部门工作
完成上级交办的其他任务
接受上级及饭店相关部门的检查与评估</td></tr>
<tr><td>部门内部管理工作</td><td colspan="2">协助驻店经理组织制定和修缮餐厅的岗位工作说明书、工作程序与标准以及各项规章制度
协助驻店经理组织制定餐厅工作计划
组织召开部门工作会议
审批部门报表、请示和报告等
根据部门工作需要任命、授权和调派部门内人员
定期与部门内主管和员工沟通
做好本部门各项物资的领用及补充工作
确保本部门餐具洗涤质量及周转情况
确保本部门布草洗涤质量及周转情况
做好关心员工生活工作
做好餐厅设备设施的维修、维护工作
根据实际要求组织部门内人员进行业务和饭店文化培训
直接督导部门员工的服务态度及工作质量</td></tr>
</table>

续表

部门内部管理工作	部门物资管理 定期分析和总结部门工作的成绩和问题 组织部门创新 组织部门评优 整理、上报和落实部门整改措施 处理突发事件
与其他部门协作	与其他部门协作，满足客人用餐需求 确定餐厅市场营销策略 提高餐厅销售量 与财务部协作，做好账目核算和账目管理工作 与采购部协作，做好本部门原材物料的采购工作
	与保安协作，做好安全防范工作 配合驻店经理办公室及其他部门进行重大活动及 VIP 客人的接待工作 落实本部门饭店文化学习 做好本部门人事培训工作 协调处理部门之间的纠纷 落实外部门对餐厅提出的其他工作要求
对客服务管理	掌握预订情况和当天客情 负责 VIP 及重要团体会议的迎送工作 督导并检查 VIP 客人及重要团体会议的接待服务，保证提供优质的个性化服务 对重要的客户定期回访 及时答复客人提出的意见及建议 落实客人遗留贵重物品的处理 处理客人对本部门的投诉 处理其他涉及客人的突发事件
自我管理	根据饭店要求制订个人年度、月度学习计划 按照计划和实际工作要求参加饭店组织的相关培训 参加相关资格认证考试 完成个人“创新”“用心做事”的指标 定期自我总结，针对管理中的不足进行，并接受上级检查

三、饭店主要管理岗位任务管理指标

饭店工作岗位管理的核心就是任务管理，一般工作任务管理的基本概念，就是通过时间动作研究确定标准作业任务，并将任务落实到员工。其实质是通过专门的人员对时间和动作进行研究，从而科学地设计工作任务，使员工满负荷工作，以达到提高企业生产效率的目的。

管理岗位任务管理通常是对管理目标责任进行明确，并按照时间和目标完成情况进行分解与考核，绩效管理是管理岗位任务管理的主要方法。确定管理绩效考核指标就是任务管理的关键点。

（一）前厅部关键绩效考核指标（表 4–2）

表 4–2　前厅部关键绩效考核指标

序号	KPI 指标	考核周期	指标定义 / 公式	资料来源
1	客房营业额	月 / 季 / 年度	考核期内饭店宾馆中客房营业额总计	财务部
2	对客结账、差错率	月 / 季 / 年度	$\frac{\text{对客结账出现差错次数}}{\text{当期所有结账次数}} \times 100\%$	财务部
3	预订信息、差错率	月 / 季 / 年度	$\frac{\text{预订信息出现差错次数}}{\text{当期所有预订次数}} \times 100\%$	前厅部
4	分房准确率	季 / 年度	$\frac{\text{准确分房数}}{\text{分房总数}} \times 100\%$	前厅部
5	行李运送与保管差错率	月 / 季 / 年度	$\frac{\text{客人行李运送与保管出现差错次数}}{\text{当期行李运送与保管总次数}} \times 100\%$	前厅部
6	客人有效、投诉数	月 / 季 / 年度	考核期内客人对前厅工作有效投诉数量	前厅部
7	紧急事件处理速度	月 / 季 / 年度	$\frac{\text{考核期内紧急事件处理总时间}}{\text{考核期内解决的紧急事件总数}} \times 100\%$	前厅部
8	部门协作、满意度	季 / 年度	对各业务部门之间的协作、配合程度通过发放“部门满意度评分表”进行考核，计算满意度评分的算术平均值	总经办

（二）客房部关键绩效考核指标（表 4-3）

表 4-3　客房部关键绩效考核指标

序号	KPI 指标	考核周期	指标定义 / 公式	资料来源
1	客房营业额	月 / 季 / 年度	考核期内客房营业额总计	财务部
2	部门 GOP 值	月 / 年度	考核期内部门营业额总计 − 部门营业支出额	财务部
3	部门 GOP 率	月 / 年度	$\frac{\text{营业利润}}{\text{营业收入}} \times 100\%$	财务部
4	经营成本节约率	季度 / 年度	$\frac{\text{经营成本节省额}}{\text{经营成本预算额}} \times 100\%$	财务部
5	对客服务设备设施完好率	季度 / 年度	$\frac{\text{完好设备设施总数}}{\text{设备设施总数}} \times 100\%$	工程部
6	客人满意度	季度 / 年度	接受随机调查的客人对服务满意度评分的算术平均值	客房部
7	投诉解决率	月度 / 季度 / 年度	$\frac{\text{解决的投诉事件数}}{\text{投诉总数}} \times 100\%$	客房部
8	卫生服务达标率	季度 / 年度	$\frac{\text{当期检查中存在卫生死角的次数}}{\text{对客户卫生检查的总次数}} \times 100\%$	总经办

（三）管家部关键绩效考核指标（表 4–4）

表 4-4 管家部关键绩效考核指标

序号	KPI 指标	考核周期	指标定义 / 公式	资料来源
1	部门 GOP 值	月 / 季 / 年度	部门营业收入 − 部门营业支出	财务部
2	部门 GOP 率	月 / 季 / 年度	$\frac{\text{营业利润}}{\text{营业收入}} \times 100\%$	财务部
3	卫生合格率	月 / 季 / 年度	$\frac{\text{卫生打扫区域量} - \text{检查不合格区域量}}{\text{卫生区域总量}} \times 100\%$	管家部
4	衣物收发准确率	月 / 季 / 年度	$\frac{\text{应收发件数} - \text{遗漏及破损未发现件数}}{\text{应收发衣物总件数}} \times 100\%$	管家部
5	洗涤合格率	月 / 季 / 年度	$\frac{\text{应洗涤总件数} - \text{未洗净、损坏件数}}{\text{应洗涤总件数}} \times 100\%$	管家部
6	叫醒服务准确率	月 / 季 / 年度	$\frac{\text{正确叫醒次数}}{\text{总叫醒次数}} \times 100\%$	管家部
7	布草收发准确率	月 / 季 / 年度	$\frac{\text{定额收发量} - \text{遗漏量}}{\text{定额收发量}} \times 100\%$	管家部
8	废旧布草利用率	季 / 年度	$\frac{\text{废旧布草再利用价值}}{\text{领用废旧布草价值}} \times 100\%$	管家部
9	成本节约率	月 / 季 / 年度	$\frac{\text{经营成本节省额}}{\text{经营成本预算额}} \times 100\%$	财务部
10	设备设施完好率	月 / 季 / 年度	$\frac{\text{完好设备设施总数}}{\text{设备设施总数}} \times 100\%$	工程部

（四）餐饮部经理绩效考核指标量表（表 4–5）

表 4-5 餐饮部经理绩效考核量表

序号	KPI 指标	权重	绩效目标值	考核得分
1	餐饮营业额	15%	考核期内餐饮营业额达到_______万元	
2	部门 GOP 值	15%	考核期内餐饮部 GOP 值达到_______万元	
3	餐饮销售计划达成率	15%	考核期内餐饮销售计划实现率达_______%	
4	餐饮经营成本节省率	10%	考核期内餐饮经营成本得到有效控制，费用节省率达____%以上	
5	菜品出新率	10%	考核期内菜品出新率达____%以上	
6	客人投诉解决率	10%	考核期内客人投诉解决率达____%	
7	客人满意度	10%	考核期内客人对餐饮服务满意度评价达到____分以上	
8	设备设施完好率	5%	考核期内设备设施完好率达____%以上	
9	卫生清洁达标率	5%	考核期内卫生清洁达标率为____%	
10	部门员工技能提升率	5%	考核期内下属员工工作技能提升率达____%以上	
本次考核总得分				

考核指标说明

1. 餐饮销售计划达成率

$$餐饮销售计划达成率=\frac{实际完成的餐饮营业额}{计划完成的餐饮营业额}\times 100\%$$

2. 部门员工技能提升率

$$部门员工技能提升率=\frac{年末员工绩效考核得分-上一年度成绩绩效考核得分}{上一年度成绩绩效考核得分}\times 100\%$$

被考核人		考核人		复核人	
签字：	日期：	签字：	日期：	签字：	日期：

（五）工程部经理绩效考核指标量表（表4-6）

表4-6　工程部经理绩效考核指标量表

序号	KPI 指标	权重	绩效目标值	考核得分
1	工程计划目标完成率	15%	考核期内工程部各项工作计划目标____%实现	
2	设备设施完好率	15%	考核期内饭店宾馆内各系统设备设施完好率达到____%以上	
3	设备设施正常运转天数	15%	考核期内各系统设备设施正常运转____天以上	
4	系统运行成本节约率	15%	考核期内各系统运行成本有效控制，成本节约率达____%以上	
5	设备设施维修及时率	10%	考核期内各系统设备设施维修及时率达____%	
6	平均故障间隔时间	10%	考核期内各系统设备设施平均故障间隔时间不超过____天	
7	故障停机率	5%	考核期内故障停机率低于____%	
8	部门管理费用节省率	10%	考核期内工程部管理费用节省率达____%以上	
9	部门员工技能提升率	5%	考核期内下属员工技能提升率达____%以上	
本次考核总得分				
考核指标说明	工程计划目标完成率 $\text{工程计划目标完成率}=\frac{\text{实际完成的工程项目数}}{\text{工程计划项目总数}}\times 100\%$			

被考核人	考核人	复核人
签字：　　日期：	签字：　　日期：	签字：　　日期：

（六）康乐部经理绩效考核指标量表（表 4–7）

表 4-7　康乐部经理绩效考核指标量表

序号	KPI 指标	权重	绩效目标值	考核得分
1	康体娱乐业务营业额	15%	考核期内康体娱乐业务项目营业额达到______万元以上	
2	部门 GOP 值	15%	考核期内康乐部 GOP 值达到_____万元以上	
3	部门 GOP 率	15%	考核期内康乐部 GOP 率达___% 以上	
4	经营成本节约率	10%	考核期内经营费用成本有效控制，成本节约率达到____%	
5	卫生清洁达标率	10%	考核期内卫生清洁达标率为___%	
6	客人满意度	10%	考核期内客人对康乐服务满意度评价达到____分以上	
7	客人稳定率	10%	考核期内客人稳定率达___%以上	
8	客人有效投诉件数	5%	考核期内客人有效投诉件数不超过____件	
9	健身娱乐设备设施完好率	5%	考核期内各健身、娱乐设备设施完好率达____% 以上	
10	部门员工技能提升率	5%	考核期内下属员工工作技能提升率达____% 以上	
本次考核总得分				
考核指标说明	客人稳定率 $客人稳定率=\frac{考核期内固定客人（会员）总数}{考核期内客人总数}\times 100\%$			
被考核人		考核人		复核人
签字:　日期:		签字:　日期:		签字:　日期:

（七）大堂副理绩效考核指标量表（表4–8）

表4-8 大堂副理绩效考核指标量表

序号	KPI指标	权重	绩效目标值	考核得分
1	饭店GOP值	10%	考核期内饭店GOP值达到______万元以上	
2	客房营业额	20%	考核期内客房营业额达到______万元以上	
3	客人对前厅服务的满意度评价	20%	考核期内满意度评价达到______分以上	
4	受理客人意见处理率	10%	考核期内客人意见处理率达______%以上	
5	客人有效投诉件数	10%	考核期内客人有效投诉件数不得超过______件	
6	管理费用节省率	10%	考核期内管理费用有效控制，节省率达______%以上	
7	前厅工作记录差错率	10%	考核期内出错率为______%	
8	下属员工技能提升率	10%	考核期内达______%以上	
本次考核总得分				
考核指标说明	1. 客人对前厅服务的满意度评价 客人对前厅服务的满意度评价＝接受调研的客人对前厅接待工作满意度评分的算术平均值 2. 受理客人意见处理率 $受理客人意见处理率=\frac{实际处理件数}{受理客人意见总数}\times 100\%$ 3. 前厅工作记录差错率 $前厅工作记录差错率=\frac{前厅工作记录出现差错次数}{前厅工作记录总次数}\times 100\%$			
被考核人 签字： 日期：	考核人 签字： 日期：		复核人 签字： 日期：	

作业任务

模拟任务：

下面是某饭店招聘专员的任职说明书。请根据说明书内容编写一份招聘广告。

招聘专员的任职说明书

职务名称：招聘专员
部门：人力资源部
职务代码：HR-021
直接上级职务：人力资源部经理
知识和技能要求
1. 学历要求：本科以上 2. 工作经验：3 年以上饭店工作经验 3. 专业背景：从事人力资源招聘工作 2 年以上 4. 英文水平：达到国家四级水平 5. 计算机水平：熟练使用 Windows 和 Office 系列软件
特殊才能要求
1. 语言表达能力：能够准确、清晰、生动地向应聘者介绍饭店情况；准确、巧妙地解答应聘者提出的各种问题； 2. 文字表达能力：能够准确、快速地将希望表达的内容用文字表达出来，对文字描述很敏感； 3. 观察能力：能够很快地把握应聘者的心理； 4. 处理事务能力：能够将多项并行的事物安排得井井有条。
综合素质
1. 有良好的职业道德，能够保守组织人事秘密； 2. 独立工作能力强，能够独立完成布置招聘会场、接待应聘人员、应聘者非智力因素评价等任务； 3. 工作认真细心，能准确地把握同行业的招聘情况。
其他要求
1. 能够随时出差； 2. 假期不超过一个月。

饭店招聘与用工管理

项目 3

学习目标

- 能够正确叙述饭店招聘渠道与方法；
- 能够正确叙述饭店用工定性分析方法；
- 能够正确叙述饭店用工定量分析方法；
- 能够正确叙述饭店招聘流程。

课程内容

一、饭店招聘渠道与方法

饭店招聘是人力资源管理工作的一个重要内容，工作任务主要在于吸引更多的人前来应聘，使饭店有更大的人员选择余地。

饭店的招聘活动主要包括招聘计划的制订与审批、招聘渠道的确定等。

饭店招聘渠道一般有内部、外部两类途径。

（一）饭店用工内部选拔

当饭店内部职位发生空缺时，饭店通常首先考虑在现有的饭店从业人员中调剂解决。内部选拔又分为内部提升和内部调用两种形式。

1. 内部提升

当饭店中有些比较重要的岗位（如部门总监、经理、主管等）需要招聘人员时，安排饭店内部符合条件的员工，从一个较低岗位晋升到一个较高级的岗位的过程就是内部提升。

内部提升的优点是有利于激励员工奋发向上，容易形成稳定的饭店文化；缺点是不易吸收外来优秀人才，可能使饭店自我封闭、缺少活力。

2. 内部调用

将员工从原来的岗位调往同一层次或不同层次的空缺岗位去工作的过程称为内部调用。如将饭店餐饮部经理调往营销部任经理。

内部调用在饭店人员选用中经常发生，当一个岗位需要招聘人员时，管理人员首先想到的是内部调用能否解决该问题。由于内部调用费用低廉、手续简便、人员熟悉，因此招聘少量管理岗位时经常采用此方法，效果也很好。

内部调用的优点是管理者对新岗位的员工较熟悉，较易形成稳定的饭店文化，另外，岗位的调换可能会为员工带来新鲜感。其缺点是可能使饭店缺乏活力、影响员工的工作积极性。

但当饭店内员工不够，或者没有合适人选时，就应该采取外部招聘等其他的形式。

（二）饭店用工外部招聘

凡是针对饭店以外人员的招聘都属于外部招聘，一般有以下几种形式。

1. 人员推荐

人员推荐一般是指由饭店内部员工或关系单位（如院校学生管理部门）推荐的人选。这种招聘方式优点是熟人推荐，招聘与应聘双方在事先已经有进一步的了解，可以节约很多的招聘环节和费用，尤其是对关键岗位的人员，如专业技术人员、主管人员等常用此法。

缺点是有时会碍于情面而影响招聘水平，如测试环节减少等。

2. 职业介绍机构与人才交流市场

职业介绍机构与人才交流市场通常是饭店各类人员招聘的主要渠道。适用情况有以下几个方面。

（1）饭店对于能否依靠自己的力量找到合适人选没有把握；

（2）饭店只需招聘少量人员，觉得自行招聘设计方案费时费力；

（3）饭店急于填充某一关键岗位的空缺。

采用这种方法招聘人员的主要优点是，应聘者面广，可以有效避免裙带关系的形成，人员选用耗时短；缺点是需要支付一定的费用，对应聘者的情况了解不够透彻，不一定有空缺岗位的合适人选及部分职介机构鱼龙混杂，应聘人员素质低等。

3. 求职者登记

求职者登记是一种“愿者上钩”式的被动招聘形式，有时通过这一途径也可以招到合适的人选。其优点是费用低廉，应聘双方可以直接进行双向交流。此外，利用求职者填写的求职登记表可以建立饭店求职人员库，一旦饭店需要招聘人员时，可以利用人员库中的信息，为饭店人员招聘提供一种便捷手段。

4. 公开招聘

公开招聘时向饭店内外的人员公开宣布招聘计划，提供一个公平竞争的机会，择优录取合格人员担任饭店内部职务的过程。

公开招聘可以利用多种媒体广告，如广播、电视、报纸、杂志、网络和海报等进行招聘宣传。利用广告发布招聘信息迅速及时，并且可以同时发布多种类别工作岗位的招聘信息。

但受广告吸引的应聘者层次不一，负责筛选的人员工作量大，有时可能无法很快找到合适人员，所以除饭店筹备开业情况，一般不适合急于某一关键岗位人员的招聘。

二、饭店招聘用工控制

饭店招聘用工控制和工作分析、员工培训、薪酬设计、组织激励、绩效考评等同为人力资源管理的重要工作之一。饭店招聘用工控制又称为饭店人力资源规划，规划的前提基础是做好饭店人力资源需求预测工作。

饭店人力资源需求预测是根据饭店发展的要求，对将来某个时期内饭店所需员工的数量和质量进行预测，继而确定人员补充的计划方案。人力资源需求预测是饭店编制人力资源规划的核心和前提条件，人力资源需求预测主要有定性分析和定量分析两类方法。

（一）定性分析

1. 经验预测法

经验预测法建立在启发式决策的基础上，这种决策的基本假设是人力资源的需求与某些因素的变化之间存在的某种关系。

经验预测法就是根据管理者积累的工作经验将未来工作活动量转化为人力需求的预测方法，即根据工作任务增量估算劳动力的相应增量的方法。由于此种方法完全靠管理者个人经验和能力，所以预测结果的准确性不能保证，通常只用于短期预测。

2. 微观集成法

微观集成法分为“自上而下”和“自下而上”两种方式。

所谓“自上而下”就是指由饭店的高层管理者先拟定饭店的总体用人目标和计划，然后逐级下达到各具体职能部门，开展讨论和进行修改，再将有关建议和意见汇总后反馈到最高决策层，由高层管理者据此对总的预测和计划做出修正后，公布正式的目标和政策。

而“由下而上”是由饭店中的各个部门根据本部门的需要预测将来某时期内对各种人员的需求量，然后由人力资源部进行横向汇总和纵向的提报，最后根据饭店经营战略形成总体预测方案。此法适用于短期预测和饭店的业务比较稳定的情况。

3. 描述法

饭店人力资源部门对饭店未来的目标和相关因素进行假定性描述和分析，并做出多种备选方案。描述法通常用于环境变化或饭店变革时的需求分析。

4. 工作研究法

工作研究法是根据具体岗位的工作内容和职责范围，在假设岗位工作人员完全适岗的前提下，确定其工作量，最后得出人数。这种方法是饭店用工预测最主要的方法。

工作研究法的关键是首先制定出科学的岗位用人标准，其基础是职务说明书。当饭店的组织机构简单、职责清晰的时候，此法容易实施。

5. 德尔菲法

德尔菲法通常经过四轮咨询，听取专家对未来发展的分析意见和应采取的措施，并通过多次反复以达到在重大问题上较为统一的看法。专家们的意见可以达成一致，专家的人数在 10~15 人为宜。

德尔菲法分为“背对背”和“面对面”两种方式。背对背方式可以避免某一权威专家对其他专家的影响，使每一位专家独立发表看法；面对面方式可以使专家之间相互启发。

（二）定量分析法

1. 工作量预测法

根据以往从事某项工作任务所需要的人力情况测算出单位时期内每个人的工作量，再根据未来的工作量计算出完成总工作量所需的人力资源情况。

2. 回归分析法

这是一种从事变化的因果关系来进行预测的方法，它通过建立人力资源需求量与其影响因素间的函数关系，从影响因素的变化推至人力资源需求变量的一种预测技术。

回归分析可以简单的理解为信息分析与预测。信息即统计数据，分析即对信息进行数学处理，预测就是加以外推，也就是适当扩大已有自变量取值范围，并承认该回归方程在该扩大的定义域内成立，然后就可以在该定义域上取值进行“未来预测”。

这是一种比较科学和准确的方法，但相对来说，这种预测防范也很复杂。

3. 趋势外推预测法

根据已知的时间序列，用某种数学模型向外延伸，已得到未来发展趋势。例如，直线延伸法、滑动平均法、指数平滑法。

指数平滑数字模型：$M_t=M_{t-1}+a（D_t-M_{t-1}）$

式中 M_t——第 t 期的预测值；

M_{t-1}——第 $t-1$ 期的预测值；

D_t——第 t 期的实际值；

a——平滑系数（$0 \leqslant a \leqslant 1$）；

此法适用于短期预测。

4. 技能组合法

假设员工目前的结构或分布为理想状态，或者以优秀饭店的各类员工比例为标杆，只需将技能组合比例直接用于人力资源需求预测即可。

三、招聘用工流程

（一）需求流程

1. 工作分析

工作内容	确定各部门所需岗位、人数、职务内容（工作职责、工作内容及要求、工作权限、所需知识和技能、绩效管理）、任职要求（知识水平、工作经历、能力要求）
工作依据	各部门的岗位职责

2. 拟定用人需求

工作内容	各部门填写《用人需求表》
工作依据	薪资福利制度

3. 审核用人需求

工作内容	各部门用人的必要性及申请表的合理性、准确性
工作依据	定岗、定编

（二）招聘流程

1. 储备人才查找

工作内容	从内部查找适合需求岗位人选
工作依据	用人需求表

2. 分析招聘渠道和方式

工作内容	分析多个招聘渠道的优劣势
工作依据	对各种招聘渠道的了解，调查结果

3. 拟订招聘方案（含预算费用）

工作内容	需发生一次性费用的招聘需制订招聘方案
工作依据	拟定招聘渠道与方式

4. 审批招聘方案

工作内容	审查专场招聘会或费用超预算的招聘方案的合理性，并批示
工作依据	人力资源计划及用人的必要性

5. 发布招聘信息

工作内容	根据既定的渠道发布信息
工作依据	用人需求表

6. 应聘登记

工作内容	通过邮件、网络、传真、电话、现场填写应聘登记表接受应聘者报名
工作依据	用人需求表及招聘方案

（三）甄选流程

1. 初步筛选初试

工作内容	专业及综合素质测评
工作依据	用人需求申请表

2. 复试

工作内容	对初试合格者进行测评
工作依据	用人需求申请表及初试评价意见

3. 背景调查

工作内容	主要对营销、技术、财务等饭店核心能力的录用候选人进行背景调查
工作依据	证件资料、执业技能的真实性及其他岗位需要调查的内容

（四）录用

1. 录用意向洽谈

工作内容	对录用人进行录用意向洽谈
工作依据	洽谈试用期相关内容，工作环境和其他需要洽谈的内容

2. 录用审批

工作内容	审批一般员工拟聘的准确性并批示
工作依据	甄选结果与洽谈的结果

3. 录用通知

工作内容	发放录用通知单或电话通知录用并安排体检
工作依据	录用审批结果

4. 办理录用手续

工作内容	新员工入职资料，填写《员工基本情况登记表》《入职指引》签订劳工合同
工作依据	体检结果

5. 入职培训

工作内容	综合素质培训及用人部门的业务制度、流程及上岗的技能培训
工作依据	饭店文化、服务礼仪、职业道德；基本制度、业务制度与流程；岗前业务知识与技能培训

（五）试用流程

1. 制订试用岗位目标

工作内容	根据对试用员工工作内容，拟定岗位使用目标；
工作依据	岗位说明书，目标计划必须具体可考核

2. 指导并规划职业生涯

工作内容	经常对试用员工进行业务指导，每星期至少与试用员工进行一次沟通，听取对其工作的意见与建议
工作依据	岗位计划目标书

3. 试用期考评

工作内容	用人部门进行评价，人力资源调查核实
工作依据	根据员工在试用期的表现及业绩实施考核

4. 考评结果审核

工作内容	审查部门以上的负责人考评结果的客观性，并批示
工作依据	考评结果，员工表现

5. 结果通知并办理转正手续

工作内容	将考评结果告知用人部门和员工本人并办理转正手续
工作依据	考评结果

作业任务

调查分析：

调研3个饭店企业人力资源部招聘工作流程，对照本课程内容，分析3个饭店之间招聘流程的不同差异及问题，形成一篇调研报告。

学习单元五

饭店经营预算

项目 1 饭店经营预算概念

学习目标

- 能够准确叙述预算基本概念；
- 能够准确说明饭店预算的概念、指标及结构内容；
- 简述饭店预算管理审批流程；
- 能够掌握饭店预算编制方法及审批管理程序。

课程内容

一、预算基本概念

（一）预算

预算指饭店未来的一定时期内经营、资本、财务等各方面的收入、支出、现金流的总体计划。它将各种经济活动用货币的形式表现出来。一个预算就是一种定量计划，用来帮助协调和控制特定时期内资源的获得、配置和使用。预算包含的内容不仅仅是预测，它还涉及到有计划地巧妙处理所有变量，这些变量决定着公司未来努力达到某一有利地位的绩效。

预算（或利润计划）可以说是控制范围最广的技术，因为它关系到整个组织机构而不仅是其中的几个部门。编制预算可以看成是将构成组织机构的各种利益整合成一个各方都同意的计划，并在试图达到目标的过程中，证明计划是可行的。每一个责任中心都有一个预算，它是为执行本中心的任务和完成财务目标所需各种资财的财务计划。在预算计划阶段，每一个经理都应当考虑其责任中心（部门或子系统）与其他部门以及作为一个整体的公司之间的关系。

（二）预算特征

预算是一种可以据以执行和控制经济活动的、最为具体的计划，是对目标的具体化，是将饭店活动导向预定目标的有力工具。主要具有以下特征。

（1）预算必须与饭店的战略或目标保持一致；

（2）预算作为一种数量化的详细计划，它是对未来活动的细致、周密安排，是未来经营活动的依据，数量化和可执行性是预算最主要的特征。

（三）预算优点

预算是行为计划的量化，这种量化有助于管理者协调、贯彻计划，是一种重要的管理工具。预算具有以下功能特点。

（1）制订计划　预算有助于管理者通过计划具体的行为来确定可行的目标，同时能使管理者考虑各种可能的情形。

（2）合作交流　总预算能协调组织的活动，使得管理者全盘考虑整个价值链之间的相互联系，预算是一个有效的沟通手段，能触及到饭店的各个角落。

（3）业绩评价　通过预算管理各项目标的预测、组织实施，能促进饭店各项目标的实现，保证饭店各项目标的不断提高和优化，是体现饭店业绩的一种好的管理模式。

（4）激励员工　预算的过程会促进管理者及全体员工面向未来，促进发展，有助于增强预见性，避免盲目行为，激励员工完成饭店的目标。

（5）协调功能　它能够协调饭店所有的资源配置和利用，在预算的执行过程中，不断的调整未来经营活动与饭店内外部的环境相适应。

（6）控制功能　它能够监督各个职能部门和人员按照事先设定的目标执行，并在执行的过程中，通过一些信息的反馈，及时地获知预算在执行过程中出现的问题，并进行相应的调整，避免资源的浪费。

饭店预算管理是在饭店战略目标的指引下，通过预算编制、执行、控制、考评与激励等一系列活动，全面提高饭店管理水平和经营效率，实现饭店价值最大化的过程。

（四）预算的目的

1. 强迫计划

预算迫使管理层向前看，制订详细的计划来实现每个部门、每项业务甚至每个经理的目标并预测将会出现的问题。

2. 交流思想和计划

预算是一个正式的系统，这个系统确保计划涉及的每个人意识到自己应该做的事情。沟通可能是单向的，如经理给部下布置任务，也可能是双向。

3. 协调活动

需要整合不同部门的活动，以确保向着共同目标一起努力。这意味着协调是很难实现的。例如，采购部应立足于生产要求编制预算，而生产预算应当基于销售预期。

4. 资源分配

预算过程包括识别将来需要以及能够获得的资源。应当要求预算编制者根据期望的活动层级或者资源水平来判断他们的资源要求，以便最好地加以利用。

5. 提供责任计算框架

预算要求预算中心经理对其预算控制目标负责。

6. 授权

正规的预算应当作为对预算经理发生费用的授权。只要预算中包括费用支出项目，就不需在费用发生之前获得进一步的批准。

7. 建立控制系统

可以通过比较现实结果和预算计划来提供对于实际业绩的控制。背离预算能够被调查，而且应将背离的原因区分为可控和不可控的因素。

8. 提供绩效评估手段

它提供了可以与实际结果比较的目标，以便评估员工的绩效。

9. 激励员工提高业绩

如果存在一个可以让员工了解其工作完成好坏的系统，员工就可以保持其兴趣和投入程度。管理层识别出背离预算的可控原因，为提高未来绩效提供了动力。

然而，不切实际的预算、或者经理对预算进行缓冲以保证实现目标的预算、或者仅仅关注目标的实现而没有实际行动的预算都不是好的预算，这些预算都没有关注长期结果。

二、饭店经营预算及指标

经营预算，实际上就是饭店每年经营管理、生产服务、市场开拓的计划书。有了比较切实可行的预算，饭店的各项工作就依此进行运作管理了，饭店的经营管理目标也明确了，各部门的任务也有数了。饭店每年的所有重大经营上的举措、经营指标和利润、设备设施的更新改造、劳动力资源的调整与分配、软件开发方面的员工培训、市场促销的策略、开拓经营的内容等所有的工作计划，都包含在饭店每年的经营预算里面。

饭店经营预算是由相关预算指标构成的，各指标之间按照收入和支出性质分别列出，并按照收入减去支出的算式，构成反映饭店营利状态的数据组，通常以表格形式出现。所有经营预算指标均由名称和数据组合表现。如：餐费收入 3000 元。

饭店收入指标是由饭店法定核准经营业务构成，主要有：餐饮收入 / 客房收入 / 会议室出租 / 健身康乐 / 代办服务等。

营业收入是指饭店在从事销售商品，提供劳务和让渡资产使用权等日常经营业务过程中所形成的经济利益的总流入。分为主营业务收入和其他业务收入。

主营业务收入是指饭店经常性的、主要的业务所产生的收入。主营业务收入在饭店收入中所占的比重较大，它对饭店的经济效益有着举足轻重的影响；其他业务收入，是指除上述各项主营业务收入之外的其他业务收入。其他业务收入在饭店收入中所占的比重较小。

饭店营业收入是指饭店在提供客房使用服务、美食及餐饮服务等日常经营业务过程中所形成的资金收入。饭店营业收入分为主营业务收入和其他营业收入，主营业务收入为餐饮收入、客房收入，其他收入有会议收入、娱乐收入、健身康乐收入、租车收入、代办收入等。

饭店费用指标基本由饭店经营管理过程中开支项目组成，如：工资 / 税费 / 电费 / 水费 / 燃气费 / 食品购置 / 设备购置 / 通讯费等。

费用，是指饭店在日常活动中发生的会导致所有者权益减少的、与向所有者分配利润无关的经济利益的总流出。

利润是指饭店在一定的会计期间内所获得的以货币为计量单位的经营成果。利润是饭店销售产品的收入扣除成本价格和税金以后的余额。饭店的利润总额是由营业利润、投资收益和营业外收支差额三个主要部分构成。

三、饭店经营收入与成本预算

（一）饭店经营总收入估算

饭店正常经营收入的估算方法：可以用饭店有效投资（不含土地成本）乘以特定比例（如 38%）估算，或用饭店每平方米建筑面积产生预估值（如 2000 元）的经营收入来估算，这个估算值可以用来修正评价收入预测数。

按此估算模式，以某在建的五星级商务饭店 A 为例，A 饭店总投资 8 亿元（其中土地成本4亿元），资金来源为资本金4亿元，银行贷款4亿元。饭店建筑面积6.2万平方米，共有客房400间，配套会议、餐饮、娱乐和商业等经营项目，其中餐饮、娱乐和商业出租经营。

其营业收入应在15200万元（扣除土地成本后的有效投资4亿元×38%）至12400万元（建筑面积6.2万平方米×2000元）。

（二）饭店平均房价的估算

一般用当地房地产的平均房价进行推算，五星级饭店平均房价相当于当地房地产最高平均房价的10%，四星级饭店平均房价在五星级饭店平均房价基础上乘以80%，三星级饭店平均房价在五星级饭店平均房价基础上乘以60%。按此估算，A饭店的平均房价应在1000~1200元之间。

（三）饭店经营收入的估算

按当地经营情况测算经营收入

经营收入 = 客房收入 + 餐饮收入 + 其他收入

本案例选用的几个经营数据：按当地经营情况估算淡季客房出租率60%，旺季客房出租率80%，淡季平均房价600元/天，旺季平均房价800元/天。

按当地经营情况测算收入为10320万元，详见表5-1。

表5-1　饭店的收入估算表

项目名称	测算模型	实例/万元	金额/万元
客房收入	旺季客房收入 = 客房数量 × 经营旺季月份数 ×30天 × 旺季开房率 × 旺季平均房价 淡季客房收入 = 客房数量 × 经营淡季月份数 ×30天 × 淡季开房率 × 淡季平均房价	400×6×30×80%×800=4608 400×6×30×60%×600=2592	7200
会议室收入	会议区面积 × 每天每平米租金 × 使用天数	3000×10×180=540	540

续表

项目名称	测算模型	实例 / 万元	金额 / 万元
餐饮出租收入	餐饮旺季收入 = 客房数量 × 旺季开房率 ×1.8× 旺季上座率 × 旺季餐饮人均消费（含高档宴请）×30 天 × 旺季月份； 餐饮淡季收入 = 客房数量 × 淡季开房率 ×1.8× 淡季上座率 × 淡季餐饮人均消费（含高档宴请）×30 天 × 淡季月份	第二层餐饮面积 4800 平方米，按年租金收入 1000 万元估算	1000
商业出租收入	根据当地商业出租费率估算	一层商业面积 2580.29 平方米，按年租金收入 1080 万元估算	1080
娱乐出租收入	饭店娱乐、健身等设施提供有偿服务，根据当地消费客户群的消费能力进行估算	地下一层娱乐面积 2738.83 平方米，按年租金收入 500 万元估算	500
收入总计			10320

通过比较按当地经营情况测算的收入与按数据模型估算数负偏差 32% ~17%，偏差较大。主要原因一是餐饮、娱乐出租经营，租金收入低于营业收入；二是饭店运营初期收入不稳定，按照当地经营情况测算时取值较为保守，平均房价测算偏低。

（四）成本费用预算

按当地经营情况测算 A 饭店成本费用。

饭店总成本 = 固定成本 + 运营费用

固定费用包括折旧费和财务费用；运营费用是根据饭店行业特点，及国家对于饭店这一特殊行业的要求所必须支付的费用，根据饭店的成本控制、人员变化及经营管理能力的高低会有所不同。

本案例选用的估算值为经验值与国家实际征收标准相结合的费用值，在实际使用过程中，还需结合当地情况及国家税费调整信息进行测算，以期保证其费用的真实性。

按当地经营情况测算 A 饭店总成本为 10550 万元，其中固定成本 5410 万元，运营费用 5141.05 万元，详见表 5–2。

表 5-2　　饭店的运营成本估算表

项目名称	测算模型	实例 / 万元	金额 / 万元
折旧费	资产原值 * 净残值率 / 预计使用年限	8 亿元 ×95%/30 年	2533.33
财务费用	贷款额 * 贷款利率	4 亿元 ×0.072%	2880
固定成本	折旧费 + 财务费用		5413.33
人工成本费用	客房总数 *1.5（可根据当地实际用工情况及人员熟练程度在 1.5 至 1.8 之间变动）* 月平均工资额 *12 个月	400×1.5×2000×12	1440
高低压电力年检	当地电力年检费率 * 高低压配置组数	5300×10	5.3
排污费	按照国家环保局制定标准，根据饭店实际用水及排污量而定	400×70%×360×3×1.1	33.26
有线电视收视费	费率 * 客房总数量	216×400	8.64
境外电视收视费	费率 * 接收境外台数量	22000×5	11
境外台管理费	当地年固定收费	1500 元 / 年	0.15
消防器材维保	费率 * 灭火器数量	50×1000	5
温烟感探头	费率 * 温烟感探头数量	50×1500	7.5
电梯维保	年固定收费	30	30
保险费	按保险协议计算，资产原值 * 费率	8 亿元 ×0.375 ‰	30
员工餐	员工用餐人数 * 每天餐费（视地区不同可在 6 元至 10 元之间浮动）*365 天	480×8×365	140.16
日常设备设施维保费	全年营业收入 *2%	10320×2%	206.4

续表

项目名称	测算模型	实例 / 万元	金额 / 万元
能源消耗	全年自营营业收入 * 15%	7200×15%	1080
客房一次性用品、洗涤、清洁费用、	旺季客房用品消耗 = 客房总数量 * 旺季开房率 * 经营旺季天数 *（单间客房客用一次性消耗品价格 + 布草洗涤单次价格 + 单次清洁费用价格）； 淡季客房用品消耗 = 客房总数量 * 淡季开房率 * 经营淡季天数 *（单间客房客用一次性消耗品价格 + 布草洗涤单次价格 + 单次清洁费用价格）	400×80%×6×30×(10+10+7）=155.52 400×60%×6×30×(10+10+7） = 116.64	272.16
公共区域大理石保养费	每平方米月平均清洁费用 * 公共区域大理石面积 *12 个月	3.8×13700×12	62.47
公共区域地毯清洁保养	每平方米月平均清洁费用 * 公共区域地毯面积 *12 个月	1.2×36900×12	53.14
其他费用	交通、通信、绿化、消毒杀菌、服装等费用，全年营业收入 *1%	10320×2%	206.4
营业税金	全年营业收入 *5.5%	10320×5.5%	567.6
房产税	房产原值 * 税率 *（1-扣除比）	8 亿元 ×1.2%×（1-30%）	672
销售费用	全年营业收入 *3%	10320×3%	309.6
餐饮成本	饭店餐饮年收入 *50%	出租经营，无	0
餐饮其他费用	（洗涤、客用品、低值易耗品）餐饮年营业收入 *3%	出租经营，无	0
运营费用	客房成本 + 餐饮成本 + 其他成本		5141.05
营业总成本	固定成本 + 运营费用	5410+5141.05	10551.05

（五）利润预测

1. 饭店经营利润（GOP）数据模型估算

行业平均值估算方法：无物业出租的饭店，按照营业收入的 33% 计算；有物业出租的饭店按照营业收入的 38%~42% 计算。

按以上办法测算的 A 饭店经营利润为 3922 万元（收入 10320*38%）至 4334 万元（收入 10320*42%）。

2. 按当地经营情况测算饭店的经营利润

饭店的经营利润（GOP）= 全年经营收入 – 运营费用

按当地经营情况测算的 A 饭店经营利润为 5180 万元，净利润为 –230 万元，年现金净流入 2300 万元，详见表 5–3。

表 5–3　饭店的经营利润

项目名称	测算模型	实例 / 万元	金额 / 万元
经营利润	全年经营收入－运营费用	10320–5140	5180
利润总额	全年经营收入－营业总成本	10320–10550	-230
所得税	营业利润 *25%		0
净利润	营业利润－所得税		-230
经营现金流入	折旧费 + 净利润	2530-230	2300

按当地经营情况测算的 A 饭店经营利润与按数据模型估算数正偏差 20%~32%，偏差较大。经分析预测数据后发现，由于饭店设施较新，在预测运营费用的日常设备设施维保费时取值较低。

（六）结论

大量的经验数据表明，偏差控制在 10%~20% 之间是合理的，偏差较大时，需分析预测数据，找出差异原因，看是否需要重新测算。分析 A 饭店的测算数据后发现造成偏差的影响因素是合理的，预测数据不需修正。 通过应用以上运营数据模型可以评价修正运营预测数据，获得较为准确的信息，在此基础上再进行财务内部收益率和投资回收期的预测，可以揭示和应对投资可能出现的风险，为财务可行性决策提供较为可靠的依据。

作业任务

案例分析：

某投资者于 2013 年年底投资 1300 万元，创建了一个 6000 平方米的高档饭店，设施、设备精良，菜品技术不错。但是，日营业额却总是徘徊在 2 万 ~3 万元之间。经营一年时间后，不仅未收回一分投资，且造成 300 万元以上的亏损。请按照本节估算模式分析饭店亏损收入总额与预估差异。

项目 2 饭店经营预算编制

学习目标

- 能够准确叙述饭店预算编制方法；
- 能够准确叙述饭店营业收入管理措施内容；
- 能够准确叙述饭店费用管理措施内容；
- 能够根据饭店年度经营预算编制方法完成餐饮或客房等部门预算。

课程内容

一、饭店经营预算编制方法

（一）经营预测

在编制饭店经营预算时，通常要先做饭店的三年滚动预算，立足于中长远的规划，把饭店的经营发展，放到一个比较大的环境和长远的发展过程中来筹划考虑，而不仅仅是考虑当前和来年。有了三年的中长远规划基础，再做饭店来年具体财务经营预算的分析和预测工作。这要求所有数据都比较细致、准确，要便于实施和执行。一般来说，每年的八月就开始预算的制作，主要依据以下几个方面的情况。

（1）去年饭店执行预算的实际完成情况；

（2）市场营销部及餐饮部对来年市场的预测和分析；

（3）今年内 1~7 月份的经营管理情况；

（4）政府通货膨胀的百分比。

饭店经营预算的编制依据主要是在参考历史同期预算和参考同类饭店同期预算基础上，根据经营管理目标预期编制而成。

（二）饭店经营预算编制程序

将背景材料（包括历史同期预算指标和参考同类饭店预算指标）以及饭店来年的总体目标和经营指标提供给几个主要部门的负责人（人事、财务、营销、餐饮、房务、工程等部门的部门经理或总监）。先由部门制作初步的财务预算，报财务总监处整理汇总。在此预算基础上，召开相关负责人会议讨论通过，或再报上级主管部门审批后下发执行。通常预算审批部门为饭店董事会，审批人为董事长。

（三）饭店经营预算审批与控制

饭店的各项经营管理工作，都要依据预算来进行。饭店的整体预算经董事会批准后，由总经理组织落实执行。每个月各部门执行预算情况如何，都要形成报告报到总经理和驻店经理处，如没有完成预算，要说明是何原因。

虽然在执行过程中，现实情况不可能与预算完全一致。但是，预算必须要有，有了预算，饭店从总经理、驻店经理到各部门总监经理、各营业点管理员，就会十分重视和关心每季、每月、每天自己部门的生产经营情况。而且预算指标的分解很细致，涉及到饭店各部门各营业点，饭店所有水平、服务、管理都在其中。

二、营业收入管理

营业收入的管理就是按照经营计划的要求对经营活动的过程与结果进行监督管理，以达到完成预定的经营目标、提高经济效益的目的。营业收入的管理重点工作就是对销售收入的控制。一般来说，销售收入控制主要包括以下几个方面。

（一）调整推销手段，扩大销售量，完成销售计划

在市场经济条件下，饭店的推销手段对销售有重大影响，推销手段可以直接影响销售量及销售收入。良好的销售不仅可以加速饭店的资金周转，而且可以提高饭店的信誉，为饭店生产经营创造良好的环境。

（二）提高服务质量，要做好信息反馈工作

质量是饭店的生命，关系到饭店经营的成败兴衰。服务质量不仅包括饭店服务态度和服务效率，也包括饭店产品质量。提高服务质量可以使销售工作少出问题，减少投诉及经济纠纷，增加饭店的销售收入。饭店销售必须以市场为导向，根据市场需求变化来调整自己的经营活动。饭店在销售过程中，要了解市场情况，搜集各种信息，以便饭店根据市场变化调整计划中不合理

之处，同时也为未来预测做好准备工作。

（三）及时办理应收结算，加快回款

应收款结算与回收一般由财务部门统一办理、销售部门协助工作。应收款回收关系到饭店资金周转速度，如果拖欠太多，以致发生坏账损失，就会影响饭店经营目标的实现。为了减少坏账数量，饭店在销售时，一定要在信誉签单合同中明确双方的责任和结算方式，在改善本饭店的服务工作的情况下，也要认真审查对方的信誉情况。

三、饭店费用管理

饭店的费用通常与饭店的实际经营活动有一定的相关性，主要体现在以下几个方面。

（一）费用内容的相关性

费用内容的相关是指费用的内容必须与饭店的主营业务相关联，必须与饭店所发生的具体的经济事项相联系，如食品原材料费、差旅费、招待费、通讯费、工资及福利费、办公费等一般费用，还包括如卫生监督费、食品检测费、燃气费、绿植费用等，这些费用都与饭店主营业务有必然的关联。

（二）费用产生结果的相关性

费用是属于与收入有关的合理支出的范畴，费用的产生必须合理，体现在费用的发生能帮助饭店达到营业目的，帮助饭店实现经营目标。如广告费用的发生通常会促进饭店主营业收入的增长，差旅费用的发生必然与生意往来或管理活动相关联。如饭店连续长期地列支某项具体费用，但又从未取得与之具体费用相对应的收入或其他相关目标实现，那么，该费用的真实性是值得怀疑的，该支出可能就是虚开费用发票进行虚假列支。

（三）费用发生时间的相关性

费用单证是证明某项经济事项过程发生的原始凭证，费用的发生时间必然与具体经济业务过程发生的时间相关联，费用单证取得时间与具体经济事项发生时间有三种关联情况，一是前期取得，二是中期取得，三是后期取得，其中前期、后期取得费用单证，其取得费用单证的时间与经济事项实际发生的时间通常不能相差太久，否则不大符合商业法则，因为通常取得费用单证可能意味着发生现金支出；另外时间的相关性，还体现在费用单证的入账时间与费用单证的取得时间也不能跨期太大，如饭店 10 月份报销一笔费用，费用单证上发票日期是年初 1 月份，费用单证的发生时间与报销时间相差近一年，这就不符合常理，如果饭店没有特别的理由说明，那这笔费用的真实性就值得怀疑，很有可能是饭店从其他非法渠道取得的虚假费用或置换费用的列支，另外对于季节性采购的饭店，都有与其季节性生产或采购相匹配的相关费用发生。

在对费用发生时间进行相关性认定时，还要对费用的会计处理是否符合权责发生制原则进行审查，是否正常地预提和待摊，是否提前或滞后扣除费用等。因为是否遵循权责发生制原则列支扣除费用，涉及到饭店利润的前后是否属实的问题，并进而对饭店所得税产生影响，这有可能是饭店瞒天过海偷税的一种手段。

（四）费用单证来源地域的相关性

费用单证是证明某项经济事项过程发生的原始凭证，费用单证的来源地域必然与具体经济业务过程发生的地域相关联，比如去南京出差，报销的住宿发票只能是南京住宿业的发票，绝对不能是用上海的发票来报销。

（五）费用单证来源行业的相关性

饭店列支的费用单证，应该是有能力经营这项业务的单位开具的发票，比如某饭店发生一笔 ISO9002 质量认证辅导费用，其发票开具方必然是实施辅导的专业管理公司，而不能是某某贸易公司开具的发票。

（六）费用金额大小及费用相对比率的相关性

在饭店规模一定的情况下，或在饭店发展的不同阶段，饭店发生的总体费用水平或某类费用发生的金额大小有其自然规律，按照管理会计学的观点，饭店发生的费用分为固定费用和变动费用，用公式表示为：$A=B+XC$，其中 A 是费用总额，B 是固定费用，C 是单位变动费用，X 代表产量或与产量对应的营业指标（如收入指标等），从这个公式来看，当饭店处于一定的营业规模时，其费用总体水平是大体能够估算的，这个公式也可以用于某项具体费用的量化。

饭店的总体费用是由各种具体的费用所组成的，一些常规的费用与饭店的营业规模有一定的比例关系，从长期来看，这种比例是按照一定的趋势变动的，比方说广告费，在饭店经营初期，饭店投入的广告费的比例较大，在经营成熟期，饭店投入的广告费的比例可能较小，这就是费用的相对比率与饭店营业规模的相关性。

如果饭店有虚列费用，如虚列的金额过大，虚列的范围过广，自然就会打破这种费用列支的相关性标准，对饭店列支费用的相关性审查认定，通常是执法机关及审计税审人员，对饭店进行费用审查的一个重要突破口，也是审计审查实务中经常运用的一种审计方法。

四、饭店年度财务预算编制方法

饭店财务预算是利用货币度量对饭店全年的经营活动正式计划的反映，也是对饭店未来一年财务报表所列项目计划的一种数字反映。它具有预见性、适用性和波动性的特点。饭店财务预算可以明确饭店的经营目标、协调各部门的工作，可以作为控制饭店财务活动的依据和工作业绩考核的标准。一般来说，饭店的财务预算的方法有固定预算与弹性预算、增量预算与零基预算、定期预算和滚动预算。饭店财务预算必须明确编制预算的方针、掌握和收集有关资料和数据、注重预算的连贯性和长短性的衔接。

（一）客房部的财务预算

1. 营业收入的预算

客房部的营业收入一般要结合饭店可供出租的客房数、预计出租率、预计房价、预计折扣率和预算期营业天数等因素进行综合考虑。其计算公式为：

客房部某类客房预算营业收入 = 该类客房可供出租的客房数 × 预计出租率 × 预计房价 × 预计折扣率 × 预计营业天数

决定饭店客房收入的主要因素及其关系图

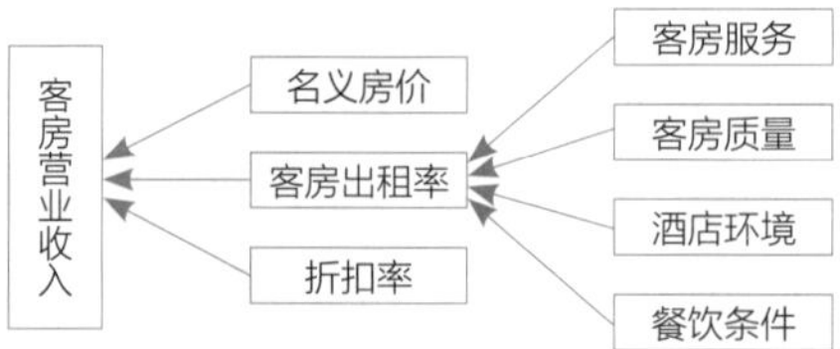

2. 营业成本与费用的预算

客房部营业成本与费用预算的编制应将项目按照其与客房出租量的关系

划分为固定费用和变动费用，并分别计算预计的发生额，然后再汇总即为客房部营业成本与费用预算。客房部的固定费用是指不随客房出租量的变化而变化的费用，如工资及福利费、折旧费、大修理费、服装费和保险费等。变动费用是指随客房出租量的变化而变化的费用，如洗涤费、水电费、物料用品消耗、修理费和其他费用。其计算公式如下：

客房部预算变动费用 = 间日变动费用消耗额 × 客房数 × 出租率 × 天数

（二）餐饮部财务预算

1. 餐饮部营业收入预算的编制

编制餐饮部营业收入的预算时应结合就餐人数、人均消费额和各种促销手段综合来考虑。由于各时段就餐人数和消费不同，所以应对就餐不同时段进行编制，然后再汇总。计算公式如下：

餐厅预算营业收入 = 餐厅座位数 × 座位周转率 × 人均消费额 × 预算期营业天数

宴会厅收入 = 宴会厅数量 × 预算期天数 × 宴会厅利用率 × 平均就餐人数 × 人均就餐标准

零点收入 = 零点就餐位 × 预算期天数 × 平均就餐人数 × 人均消费额

2. 餐饮部营业成本与费用预算的编制

餐饮部营业成本与费用预算包括营业成本预算与营业费用预算。

（1）营业成本预算　营业成本又叫直接成本，它是随接待数量及客人的消费水平的不同而变化的，只能通过毛利率来预算成本支出额，计算公式如下：

餐饮预算直接成本 = 餐饮预算营业收入 ×（1– 预算餐饮毛利率）

其中不同餐厅和地点销售的饮料毛利率是不同的，所以应分别计算，然后汇总。

（2）餐饮部营业费用预算　分为固定费用和变动费用，固定费用的预算与客房部相同，变动费用（如燃料费、服务易耗品、水电费等）要和餐饮成本一起编制弹性预算。

（三）饭店管理费用预算的编制

饭店管理费用的预算可采用零基预算法，即将所有的预算支出均以零为出发点，不考虑以往会计期间所发生的费用项目及数额，一切从实际出发，分别审议预算期内各项费用的内容及开支标准是否合理，在综合平衡的基础上编制费用预算的一种方法，并结合预算期费用节约潜力和因素对不同的项目分别进行财务预算的编制。

（四）饭店现金预算的编制

现金预算编制的方法有现金收入和支出法、净收益调整法两种，主要根据编制现金预算期的长短选择适用。

现金收入和支出法又称直接法，是直接地逐项预测预算期饭店各项现金的收支数额，并以此来平衡财务收支的一种方法。一般按季、按月甚至按周或按日编制现金预算。

净收益调整法主要适用于较长时间编制现金预算，反映较长时间管理部门的评价和估计的现金金额。它主要相对于资金的外部来源与内部来源而言的。

净收益调整法是一种编制现金预算的间接方法，用这一方法编制的现金预算主要由现金来源和现金使用两部分组成。现金来源部分包括内部来源，来自营业的主要净收益加所得税费用、折旧以及类似的费用所反映的现金，资金的某些其他来源包括银行贷款、固定资产销售和类似的来源。现金的使用指应收账款增加，固定资产购买，原材料及其他存货的购买等。

净收益调整法直接把重点放在应收账款、存货和流动资金负债的变化上，这对于目前很多饭店尤其是应收账款占用比例较大、存货占用资金多的饭店非常必要。管理者在日常运转过程中必须考虑应收账款和与存货相关的现金数量以及流动负债所 “提供” 的现金，从而鼓励管理部门更周密地观察流动资金账户，加速资金周转。

编制采购预算时，应以生产预算提出的原料消耗量并结合材料期初、期末库存情况来确定采购数量，然后按照预计的材料单价计算出所需要的采购资金。同时，考虑前期应付原料款的偿还和本期购料款的支付情况后，预计预算期间材料采购现金支出额。

预计现金支出额 = 前期应付账款偿还数 + 本期购料款当期支付数

预计采购量生产需要量 = 预期期末预计存料量 − 预算期期初存料量

运用间接法编制现金流量预算时，是以预算损益表中的净利润为基数进行编制的，损益预算是净收益调整法编制预计现金流量表的前提和基础。

（五）利润预算的编制

1. 饭店利润预算的直接计算法

直接预算法是根据预算收入、预算成本和预算税金直接计算出利润额的一种方法，需要计算不同营业项目的预算利润然后再汇总。计算公式如下：

预算利润 = 预算收入 – 预算成本费用 – 预算税金

2. 饭店利润预算指标计算法

指标计算法是指利用相关指标来预测利润的一种方法，如利用营业收入利润率、费用率等来预算利润。

3. 饭店利润预算保本点计算法

预算保本点计算法是在保本分析的基础上进行利润预算的一种方法。计算公式如下：

预算经营利润 =（预算营业收入 – 保本点收入）× 毛利率

（六）饭店资产负债表预算的编制

资产负债表预算也称预计资产负债表，是按照资产负债表的内容和格式编制的综合反映预算执行单位期末财务状况的预算报表。一般根据预算期期初实际的资产负债表和销售或营业预算、采购预算、资本预算等有关数据分析编制。

预计资产负债表是反映饭店预算期末财务状况的总括性预算，表中除上年期末数已知外，其余项目均应在前述各项预算的基础上分析填列。它总括地列示计划期期末的资金相对静止状态。编制依据是报告期期末资产负债表以及预算期内各种业务预算、现金预算及资本预算的有关数据。预计资产负债表是在预计损益表、预计现金流量表的基础上编制的。

- 预计资产负债表的货币资金期初数 = 预计现金流量表的现金期初数
- 预计资产负债表的货币资金期末数 = 预计现金流量表的现金期末数
- 预计资产负债表的期末未分配利润数 = 预计资产负债表的期初未分配利润数 + 预计损益表的本期利润数

饭店财务预算并不是一经制定就固定不变的，财务预算编制是建立在一系列假设和评估的基础上的，因此预算具有一定的局限性。在推行预算的过程中如果出现较大的差异，就应对财务预算作适当的修正，以提高财务预算在饭店经营管理中的积极作用。

作业任务

调研应用：

请使用本章预算编制方法，调查一个小型餐饮或快捷饭店相关内容，编制一份年度预算。

学习单元六

饭店管理制度建设

项目 1 饭店管理制度文件建设

学习目标

- 能够准确叙述饭店管理制度与管理制度系统的概念；
- 能够准确说明饭店管理制度建设的常见问题及现象；
- 能够正确叙述饭店管理制度的名类；
- 能够根据饭店管理制度编制方法正确编写饭店管理制度文件。

课程内容

一、饭店管理制度概述

管理制度是指企业根据法律规定和董事会的命令、决定，制定的规范组织及其成员须共同遵守的，具有约束力的，按一定程序办事的规程或行动准则。制度化管理是以制度规范为基本手段协调企业集体协作行为的管理模式，其实质在于以科学的制度规范为集体协作行为的基本约束机制，主要依靠外在于个人的理性权威实行管理。

饭店管理的最终目的就是高效率协调配置饭店内外部资源，为饭店客人提供最大满意的无缺陷服务。饭店业通行的做法是基于岗位责任制基础上的制度化管理，一些著名的饭店集团已总结和推出了自己成熟的饭店管理制度与规范，其岗位职责规范设计可谓细致入微。

（一）饭店管理制度概念

饭店管理制度是饭店企业组织管理过程中借以引导、约束、激励全体组织成员行为，确定办事方法，规定工作程序的各种章程、条例、守则、规程程序、标准、办法的总称。其表现形式包括饭店组织机构设计、职能部门划分及职能分工、岗位工作说明、专业管理制度、流程等管理制度类文件。简单地说，饭店制度就是饭店管理文件的统称。

（二）饭店制度系统概念

饭店制度系统是指饭店相关部门或相关工作的规定、操作程序、标准程序等文件组成的系列文件统称，每个制度系统都具有相同的目标方向或相同的执行单位。饭店制度系统包括饭店基本管理制度、专业管理制度与责任制度。

基本管理制度如车辆使用管理制度、会议管理制度、考勤管理制度等。

专业管理制度是在基本管理制度的指导下，对饭店各项专业管理工作的范围、内容、方法等所做的规定。

责任制度侧重于规范责任、职权和利益的界限及其关系，如部门责任制度、总经理岗位责任制等。从制度纵向层级来看，饭店制度包括管理工作制度、部门工作程序、标准操作程序三种。

（三）饭店在制度建设方面的常见问题

1. 制度体系不健全

缺少必要的程序文件和支持性文件（如作业指导书、岗位操作手册等）。

2. 制度可操作性差

制度的规定原则性强，具体规定不细，可执行性差，缺乏实际指导意义。其次就是制度之间的配套性差，关联度不够，对接不清晰，甚至存在相互抵触。第三就是大多制度缺乏明确的权责划分及度量考核指标，检查考核措施手段不完善。

3. 制度推行缺乏宣贯

某些饭店制度出台后虽然有通知，但缺乏必要的宣传和贯彻，制度“躺在抽屉里睡大觉”。执行过程流于形式，管理者不能以身作则，凭主观意志办事，有章不循，制度成为“摆设”。

4. 制度更新缓慢

有些饭店的制度往往“几年一贯制”，不能根据饭店的发展及时修改并下发执行，例如，饭店的组织机构调整后，许多制度没有及时修订，仍然沿用至今。有些制度间明显存在矛盾的地方，没有及时修改，令执行者无所适从。

（四）饭店常用制度文件目录

（1）员工手册；

（2）岗位说明书；

（3）业务运转制度，如排班、交接班制度；

（4）业务流程制度，如服务质量考核制度；

（5）卫生制度；

（6）信息传输制度；

（7）设备设施管理制度；

（8）物品管理制度；

（9）劳动考核制度；

（10）行政性制度，如行文制度、报告制度、发文制度、行政档案制度、保密制度、内部接待制度；

（11）人事制度，如考评制度、人事管理制度、劳动工资制度、奖惩制度、人员培训制度；

（12）晋升制度、福利制度；

（13）安全保卫制度；

（14）财务制度，如借款及核销制度、会计核算制度、盘点管理制度等；

（15）会议制度，如早会、办公会议、年会、职工大会等；

（16）质量监督制度等。

二、饭店制度文件编制

（一）制度文件编制特点

饭店制度文件的编制是饭店管理工作的基础任务。由于饭店的制度文件是饭店管理目标和原则及落实依据，因此制度文件的编制是在饭店董事会领导下，以总经理为首的经营管理团队，按照《公司法》《劳动法》等相关法律法规及企业愿景、纲领等规范文件，共同组织完成的饭店系列工作规章文件。

饭店制度文件通常由总经理主持编制，提交董事会批准备案，然后由饭店正式执行的制度文件。现行制度修改及废止，需要由总经理组织管理班子研讨提议，经由董事会批准备案。

饭店管理公司托管的饭店制度文件由饭店管理公司提供，作为输出知识产权及管理服务工具，在饭店内执行。

（二）饭店管理制度制定的原则

1. “实事求是”原则

认识各种管理制度和方法，了解各种制度产生的背景，深入研究各种制度适用的条件，是制定适合饭店自身管理制度的基本方法。由于各饭店的环境不同，即使在同一饭店内部，对不同部门的管理方法也不相同，管理制度也随着时间、环境的不同而变化，因此不可能有哪一种管理制度能适用于各个饭店。饭店管理方法一定要适合饭店的环境，管理制度和方法必须因时、因地、因人而变。

2. 基本制定原则

（1）目的性（要有明确的制度规范目的）；

（2）客观性（符合客观实际，从实际出发，做不到的暂时不定制度，以后补充完善）；

（3）严谨性（文字表述严谨，条文前后一致）；

（4）规定要文字化（实行备忘录的形式）；

（5）可行性（可量化的务必量化，实施细则须细化）。

（三）制度文件管理要求

饭店制度文件相当于企业的政策法规，必须充分宣传告知，妥善保管。文件管理的基本要求如下。

（1）文件草拟阶段，要限定文件阅读者范围，做好保密管理；

（2）文件提交审批及备案生效后，要做好审批及备案手续文件档案，并永久保管；

（3）文件生效后传达阶段，要做好传达、传阅、培训记录，需有阅知者签字记录，作为文件存档资料保存。

三、饭店基本制度——员工手册编制方法

（一）确定编制框架

确定《员工手册》内容的基本框架，以基本架构作为《员工手册》的主要内容，在此基础上确定相应的次级框架。通常完整的《员工手册》基本框架应该包括五个部分。

1. 总经理致辞

在编写《员工手册》时，严格按照“欢迎词、饭店管理理念、《员工手册》的意义、工作祝语与希望及签名”的次级框架进行编写。

这部分的内容通常是以饭店的最高管理者（董事长/总经理）名义签发，其主要目的是“欢迎员工并激发员工学习手册的热情”。

2. 饭店概述

“饭店概述”部分的目的就是让员工快速了解、融入饭店。这部分的次级框架通常包括以下几个方面。

（1）饭店的价值观；

（2）饭店的战略目标；

（3）饭店业务概况介绍；

（4）饭店的组织架构；

（5）饭店的发展历史；

（6）饭店的企业文化等。

《员工手册》都应当重视这部分的内容，然而，许多饭店却往往忽视这一部分。许多中小饭店根本就没有明确的价值观、发展目标等，也没有意识到这部分内容对新进员工了解饭店、融入饭店所起的作用，以及这部分内容对于树立饭店形象的重要意义。

“饭店概述”作为员工手册主框架的一项重要内容，在确定这个主项目的次级框架时，可以根据饭店的实际情况灵活处理，如果饭店目前尚没有明确的价值观或发展战略目标，也没有提炼出明确的企业文化，可以暂时将“饭店业务介绍、发展历史及组织架构等”作为“饭店概述”的次级框架，同时，要着手明确饭店的价值观、战略目标等，适时提炼出自己的企业文化。

3. 行为规范和“特殊的职业要求”

学习和理解行为规范及特殊职业要求可以提升饭店员工的职业素养，进而提升员工的工作效率与业绩。这部分的次级框架通常包括以下内容。

（1）饭店日常行为规范；

（2）饭店日常工作中的行为规范；

（3）对外业务交往中的行为规范；

（4）行业特殊职业要求（例如对卫生的要求等）。

如果缺少这部分，《员工手册》对员工行为的引导作用将大大减弱。

4. 员工管理制度

这部分内容，可以让员工充分了解相关制度与要求，进一步规范员工行为、降低员工管理成本。因而，这部分内容应该涉及从员工聘用到离职的一系列员工管理制度，其次级框架应该包括以下主要内容。

（1）聘用与离职（入职培训、试用、人事关系、离职管理等）；

（2）工作时间（正常上班时间、出勤、加班等）；

（3）报酬与福利；

（4）休假；

（5）员工培训与发展；

（6）奖惩制度及其他。

《员工手册》这部分的次级框架，应当避免仅仅强调对员工的约束，如考勤、加班、奖惩等，而忽略了员工最关心的、与员工发展和福利等相关内容。饭店管理者应当明确认识到员工只有在看到个人的发展与收获时，才有可能根据工作要求进行自我约束，才有可能全身心地投入工作，完全依靠高压政策来控制员工行为的制度是缺乏人文关怀的，注定要付出更高的管理成本。因此，饭店在确定这部分的次级框架时，一定要将员工的晋升与发展、员工福利等具体内容包含进去。

5. “附则”

这部分内容是对一些未尽条款的补充说明，包括本手册的有效性和解释权，本手册的修订、未尽事宜的参照办法、保密原则、员工签收确认函等。

这部分内容不能缺少员工签收确认函，员工签收是保证《员工手册》合法及有效落实的一项重要措施，也是企业已经将相关政策告知员工的一项书面证明。因此，饭店在确定“附则”的次级框架时务必将员工签收确认函作为一个子项目。

（二）填写相关内容

在确定了员工手册的基本框架及次级框架后，下一步就是根据具体的框架填写内容。完成这项工作后，饭店人力资源部要通过与相关部门的充分沟通，充分调动和发挥相关部门的专业性，与其共同完成《员工手册》内容的草拟。

其中，“总经理 / 董事长致辞”的内容可以由人力资源部编写，然后交给总经理或董事长审批、签字，也可以由总经理办公室编写，然后交给总经理或董事长审批、签字，具体由饭店的权限规定与董事长或总经理的管理风格确定；

“饭店概述”部分通常交由负责对外宣传的部门，如市场部、营销部或人事部草拟；

“行为规范”“特殊职业要求”和“员工管理制度”及“附则”，一般由人力资源部草拟，但人力资源部可以协调相关部门提供相应的制度文本与要求。

填写完整个《员工手册》后，人力资源部对整个手册的内容进行认真审核，有疑问或错误的地方，及时与相关部门或责任人沟通确认。在这一环节中最容易、也最常犯的错误就是“闭门造车”，只由一个部门独自完成所有工作，结果往往出现相关部门无法执行的现象。一定要与相关部门和人员进行充分的沟通，一方面发挥他们的积极性与专业性，另一方面，让他们获得参与感与成就感。

（三）审定语言风格

饭店员工手册在语言方面通常会出现以下问题。

1. 语言过分苛刻

如“欢迎你成为我们的一员”“你必须严格遵守手册的每项条款，否则将会收到对应的处罚，严重者直接辞退”。这样的言辞明显地暴露了对员工的不尊重，极易招致员工的反感甚至敌对。

2. 表述拖沓，不易理解

如“上班前酗酒影响工作，工作时间酗酒妨碍饭店正常工作秩序，妨碍饭店正常生产秩序，妨碍正常生活秩序及其他有碍于饭店安保工作的员工，将被禁止上班”等。

3. 项目之间缺乏条理性或逻辑性

如“3.1 员工必须恪尽职守，令行禁止，不谋私利，努力工作，勤奋上进，培养廉洁自律、友爱团结、互谅互助的团队精神。3.2 员工应热爱饭店，珍惜饭店的形象和荣誉，不得……3.3 员工应严格遵守饭店制定的各项规章制度，如有违反将……3.4 工作时间不准擅离岗位，串岗闲谈、戏耍，做私活，办私事，会亲友，打私人电话…… 3.5 员工应该服从领导听指挥，不得……3.6 提倡精神文明，讲礼貌……3.7 员工应保持工作区域、设备、仪器和工具箱柜的整洁完好……”这几条“行为规范”之间看不出任何的逻辑线索，而且有些重复条款。

因此，建议在完成“填内容”部分后，一定要从以下几个方面对员工手册进行语言的审核。

（1）从语言风格上　审核员工手册是否与饭店倡导的企业文化相吻合，保证轻松的语言风格并充满感情，保证语言风格的激昂与客观，保证语言风格的客观与严谨；

（2）从用词与表述的方式上　应当审核《员工手册》的表述是否简洁流畅，是否易懂易记，去掉多余的表述，避免过多的长句；

（3）从整体的逻辑性与条理性上，审核《员工手册》每项内容之间的条理性，以及各项内容之间表述的逻辑性。

（四）审核合法性

1. 审核内容是否与国家的相关法律相冲突

《劳动合同法》明确规定："用人单位应当依法建立和完善劳动规章制度，保障劳动者享有劳动权利、履行劳动义务。"然而，目前我国许多企业往往忽视相关法律，而是强制推行企业相关规定，这样存在较大的法律风险。因此，在制定《员工手册》时，必须充分考虑相关法律条款，有条件的最好将《员工手册》交饭店负责法务的人员或外部法律顾问审核。

2. 审核相关制度的制定程序是否合法

《劳动合同法》明确规定："用人单位在制定、修改或者决定有关劳动报酬、工作时间、休息休假、劳动安全卫生、保险福利、职工培训、劳动纪律以及劳动定额管理等直接涉及劳动者切身利益的规章制度或者重大事项时，应当经职工代表大会或者全体职工讨论，提出方案和意见，与工会或者职工代表平等协商确定。"此前，我国的中小企业出台相关制度的程序大部分都不符合相关法律的规定，因此，建议以后在制定《员工手册》及相关制度时，必须按照相关程序执行，并在每个阶段做好相关的文本记录并保存，做到有据可查，避免因程序的不合法而承担不必要的风险。

附　常用制度文件范例

饭店类员工手册范本

第一章　总则

1.1　编制目的

我们热诚欢迎您加入 ×××× 大饭店工作，为了造就一流的饭店从业人员，保持本饭店系统化的管理水平，特编制此本《员工手册》。册中所有条文已经饭店总经理批准，各位员工务必全面了解并切实遵守。

忠于职守，热心勤勉及礼貌主动是本饭店提倡的精神，深盼大家能充分投入，发挥一技之长，彼此真诚合作，共为 ×××× 饭店带来光辉业绩。

1.2　适用范围

本手册原则上适用于 ×××× 所有员工，包括合同制员工及临时工，如以合约聘请的管理人员，于合约内所列条款与本手册有所冲突，则以合约为准。

1.3　××××指导管理原则

我们确保……

☆ 我们在同所有人相处时，要表现出真诚和关心

☆ 确保我们的服务程序永远是以客人为中心且简明易行

☆ 期望所有的管理人员要保持与客人直接接触

☆ 我们要努力创造一个既有利于员工事业发展，又有助于实现他们个人目标的氛围

☆ 有效更新

· 鼓励合情合理的风险行动

· 尝试新思想

· 借鉴其它行业的思维

· 与业主保持有效益的关系

· 让业主了解饭店的发展和其它重要情况

· 达到或超出财务指标

· 适时地请业主参与发展项目

· 并有一个愉快的环境

第二章　员工聘用

2.1　招聘标准

××××大饭店招聘员工主要原则是基于应聘者对相关职位的适应性，个人品行以及其对该项工作的知识和经验作为甄选标准。

2.2　用工制度及劳动合同

根据合资企业用工制度，本饭店录用的所有员工一律实行劳动合同制，所签订合约具有法律效力，双方必须严格遵守，合同期满时将自行终止。

2.3　合同的延续

劳动合同期限一般为二年，合同期满前30天，人力资源部将致函部门，由部门经理与员工商讨续签事宜，在双方同意的情况下办理续签手续，若有一方不同意续签合同，需在合同期满前30天以书面的形式通知对方，否则以相应天数的工资作为补偿。

2.4　试用期

2.4.1　员工在正式聘用前须经过试用期，试用期长短视合同期限而定，试用期内若员工的劳动能力及工作表现未能达到饭店的要求，经培训仍不能胜任工作的，饭店有权延长试用期或解除劳动关系，延长的试用期不能超过三个月。

2.4.2 在试用期内员工欲解除合同，须提前 7 天以书面形式通知饭店，否则以 7 天工资作为补偿。

2.4.3 自入职之日起连续工作不足 30 天辞职的员工，饭店将扣除培训费 300 元。

2.5 正式聘用

2.5.1 试用期满前，由员工直属主管对员工的工作表现做出考核评估，评估结果符合饭店录用条件者，由所在部门按程序报批，受雇为正式员工。

2.5.2 员工自入职之日起签订劳动合同，员工欲在合同期内解除合同，须提前 30 天以书面形式通知饭店，否则以 30 天工资作为补偿。

2.6 工作时间

2.6.1 员工每天实际工作时间为 8 小时（膳食、休息时间除外），每周工作 40 小时，具体上下班时间及休息日由饭店根据实际情况决定。

2.6.2 饭店可视营业状况的需要，要求员工加班或调派到其他部门负责临时工作，超时工作饭店将给予相应假期补休，或根据劳动法规定发放相应报酬，加班的确认需由相关部门经理批准。

2.7 薪酬

2.7.1 工资制定

1. 员工工资根据饭店各工种、等级制定，分试用期工资和正式聘用工资。

2. 新入职或调职的员工，需经过三个月试用期，试用期内领取其职级试用期工资。

3. 员工试用期满时将由其部门主管对其做出一次全面评估，试用合格者可获调整工资。

2.7.2 工资支付

1. 每月 10 日为工资发放日，工资通过银行转入员工个人工资账号，如遇节假日顺延。

2. 工资为员工个人所得，因各有差异员工应加以保密。

3. 工资构成：每月总收入 = 基本工资 + 政府津贴 + 效益工资。

政府津贴包括国家规定的一切补贴。

2.8 所得税

饭店发给员工的工资为含税工资，员工本人应负担各项收入的上交税金，饭店根据税务部门规定，依法从员工工资总额中扣除所得税部分，并代为上交。

2.9 调职与晋升

饭店将按业务发展需要，员工的工作表现、品德及资历、员工的工作能力及潜质对员工的职务或部门作适当的调整；员工本人也可向部门主管提出调职申请，所有调职与晋升均须部门和人力资源部协商，并经相关部门经理批准。

调职或晋升后前三个月为试用期，试用期满后如工作表现达到饭店要求者，则饭店予以委任。

2.10 员工离职

2.10.1 辞职

员工若在合同期内要求辞职，须提前一个月以书面形式通知饭店，经所在部门主管批准，转人力资源部及总经理审批；试用期内辞职的员工及临时工，须提前 7 天以书面形式通知饭店。

辞退、解聘或开除

因违反饭店规定，符合《员工手册》立即开除条例者，饭店将给予辞退、解聘或立即开除而无需任何补偿，并且保留向市内各大饭店通报权利。

解除合同 / 终止合同

若因营业条件变更或其他原因需要时，饭店有权按劳动合同的有关条款办理。

2.10.2 员工不论以何种理由离职（辞职、开除、终止合同）均应在最后工作日后 7 天内领取《解除合同证明》及办理离店手续，方能得到应发工资，否则所造成的后果自负。

2.10.3 凡被辞退、解聘或开除人员，半年内饭店有权拒绝接受其在本饭店消费及探访。

2.11 员工招聘程序

（一）大、中专毕业生招聘程序

1. 由本人自荐或由学校、他人推荐，需递交其简历、学习成绩单和学校推荐证明；

2. 由人力资源部约见面谈；

3. 部门面试；

4. 总经理面谈；

5. 通知拟聘用人员到市或区卫生防疫站体检；

6. 体检合格后，到所在学校办理毕业手续，带齐有关证件及证明到饭店人力资源部办理报到手续，并填写和签署员工履历表；

7. 被聘用人员参加入职培训，培训结束后到工作部门报到；

8. 主管级以上未被聘用人员，人力资源部将于一周内回函通知应聘者。

（二）旅游职业中专毕业生及应届高中毕业生的招聘程序

1. 学生毕业前一个月，人力资源部同有关职业中专或普通中专商定招聘应届毕业生事宜，并在有关报纸刊登招聘广告；

2. 派人到有关学校或指定地点对应聘学生进行面试；

3. 初步拟定被聘用人员名单；

4. 初步拟定被聘用人员到市或西岗区卫生防疫站体检；

5. 体检合格后，将拟聘用人员资料汇总，呈报总经理批准；

6. 总经理批准后，人力资源部通知被录用人员到饭店报到，并安排入职培训；

7. 培训结束后，到工作部门报到。

8. 主管级以上未被录用人员，人力资源部将于一周内给予回函，通知应聘者。

（三）其他人员招聘程序略

2.12　员工体检

被饭店拟定聘用人员，按饭店规定在指定的卫生防疫部门进行健康检查，检查合格后持健康证到饭店人力资源部参加入职培训。

2.13　员工入职程序

1. 被录用人员在经培训考核合格后，按人力资源部通知的日期携带 5 张一寸照片、服装及培训费、身份证原件（复印件）、毕业证原件（复印件），到人力资源部报到；

2. 人力资源部根据批准的《应聘登记表》填制《新同事上任通知单》（一式四联），第一联附本人照片送至保安部存档，第二联返至部门，第三联人力资源部留存，第四联送至布草房；

3. 发放员工证、员工名牌、《员工手册》、更衣箱钥匙、衣架等物品；

4. 通知所在部门带领入职员工更换制服，安排工作岗位。

其他

饭店原则上不聘用饭店员工的亲属，如有特殊情况，须经人力资源部及总经理批准方可聘用。饭店员工建立婚姻关系后，不能在同一部门工作，有一方需调离本饭店该部门。

第三章　员工福利

3.1　假期

3.1.1　法定假期

所有员工每年均享有以下法定有薪假日：

元旦　　　　一天
春节　　　　三天
清明　　　　一天
国际劳动节　一天
端午　　　　一天
中秋　　　　一天
国庆节　　　三天

3.1.2　年假

凡与饭店签订合同的员工，在服务满一年后（各类假期、缺勤累计不超过 7 天者）可享受有薪（基本工资和店龄工资）年假　天（年假不包括法定假日，但包含公休日）。以后每工作满一年增加 1 天假期（最长不超过　天）。年假申请应在每年经营淡季（即每年 11 月至次年 3 月），且需提前 15 天提出，经批准后生效。年假应一次性使用，未经总经理批准年假不可累积到下一年。年度内受到最后警告处分者，取消享受本年度年假资格。B 级以上经理年假申请须总经理批准，若员工提出辞职，年假不可用来抵通知期。

3.1.3　婚假、产假

在饭店工作一年以上的正式合同制员工，凭结婚证明书申请有薪婚假　天。符合政府晚婚条件者，按有关规定享有晚婚假　天。申请婚假须提前一个月提出。

1. 产假、陪护假、生育假

在饭店工作一年以上的正式合同制员工，取得准生证的已婚员工生育孩子，可享受带薪产假　天，晚育者可享受　天产假，难产员工另增加　天；多胞胎生育的，每多生育一个婴儿，增加产假　天。男员工申请陪护假（配偶必须是晚婚晚育），产假（陪护假）期间的补贴及待遇按政府规定执行。

2. 哺乳假

需要给未满一岁的婴儿哺乳的女员工，每天可享受 1 个小时的哺乳假。

3. 计划生育假

有生育指标及医院诊断证明的女员工，婚后第一次实行计划生育手术将享受 15 天的计划生育假，之后再一次怀孕实行手术按病假处理；女员工婚后第一次自然流产，享受计划生育假。休假期间待遇同产假；生育假一律以日历日期计算，均包括公休假日、法定假日，并且一次性连续使用。

3.1.4.　慰唁假

若正式员工的直系亲属（配偶、父母、子女）去世，饭店将给予 3 天的有薪丧假。若系公婆、岳父母、祖父母或外祖父母去世，给予 1 天的有薪丧假，丧假需凭有关证明。

3.1.5.　事假

员工有特殊情况需申请事假，必须遵守“事先请假”的原则。填好休假申请单，经批准后生效。事假在 3 天以下的由部门总监 / 经理批准；3 天以上（含 3 天）5 天以内须由人力资源部批准；5 天以上由总经理批准。所有事假均是无薪的，不准以串班方式替代事假。

3.1.6.　病假

一般情况下员工须持市级以上医院开具的医疗诊断书，在 3 天内将病假单送至饭店人力资源部确认方为有效（急诊除外）；急诊病假 1 天有效。员工请病假必须在上岗前通知部门负责人并说明情况，否则按旷工处理。员工在外因急病请假应电告部门经理，返店后需出示市级以上医院的急诊诊断书等有关病情证明资料，经确认有效后按病假处理。因病住院员工的医疗制度按国家医疗保险制度执行，厂矿企业、个体、联营、部队等医院开具的病假单无效。

3.1.7.　因工负伤或死亡

员工因工负伤应立即通知部门经理及人力资源部、保安部。部门应在 24 小时内将工伤发生经过报人力资源部。因工负伤治疗可直接到医院就医，但须向医院说明是因工负伤。因工负伤治疗期间的工资待遇、伤残或死亡的经济补偿，饭店将根据政府有关规定及政策办理。

3.2　医疗福利

凡在饭店工作满一年的员工，享有由饭店组织的每年一次体检。

3.3　年终奖金

饭店将视经营盈利状况决定年终奖金发放。

3.4　工作餐

饭店设有员工餐厅，员工当职时免费为职工提供工作餐。员工用餐要严格遵守用餐时间及相关制度，不得擅自在员工餐厅以外的地点用餐。

3.5　特殊奖励

凡工作杰出或有特殊贡献的员工，饭店将视实际情况进行奖励。

3.6　员工培训

饭店将为员工发展安排的各项培训课程，员工均应准时参加，无故缺席将受到纪律处分。

3.7　培训合同

公派外出培训的员工将根据饭店规定与饭店签订培训合同。

3.8　员工保险

饭店将按国家有关规定为正式员工交纳各项劳动保险及其他法律规定的保险项目。

3.9　娱乐活动

饭店将不定期为员工组织各种娱乐康体活动，促进员工身心健康。

3.10　通勤班车、员工宿舍

饭店为员工上下班提供通勤班车，为家住外地的员工提供住宿条件或倒班员工提供倒班宿舍，不准离职员工乘坐通勤班车或在员工宿舍居住。

3.11　其他

年假、婚假、产假（陪护假）等假期同一年度内只享受一种。

第四章　行为规范

4.1　员工关系

员工之间应以礼相待，互相谅解、合作共事。员工必须切实执行直属上司指派的任务。

若遇疑难或不满应尽快向直属上级请示或申诉。

4.2　客人关系

不准向客人索取钱、物和在国（境）外带购物品，或要求客人代办事项。

4.3　考勤

4.3.1　员工必须按时上下班，未经批准若缺勤或擅离工作岗位要受到纪律处分。

4.3.2　不准随意调动班次，不得无故迟到、早退、旷工。否则将受到纪律处分。

4.3.3　员工应准备充分时间上班更换制服，以便准时到达工作岗位。下班员工应在离开工作岗位 1 小时内离开饭店。

4.3.4　工作中应积极主动，恪尽职守，不得消极怠工、聊天、阅报看书、写私函、不得收听录音机或看电视。

4.4　个人卫生与仪表

保持高标准的仪容卫生，在对客服务中应尊重客人和自我尊重。

员工必须了解并遵守饭店和各部门规定的卫生标准。标准如下。

4.4.1　保持干净整齐和高标准的个人卫生，饭后要刷牙漱口。

4.4.2　保持双手和指甲的清洁，指甲要经常修剪，禁止涂指甲油。

4.4.3　头发要干净，修剪整齐，不要遮挡脸和耳朵。女员工长发必须盘起来。禁止染发。

4.4.4　首饰仅限于手表和一只结婚戒指，上岗时不能戴手镯或手链，耳环要小巧玲珑，男员工当值时不准戴耳环。

4.4.5　化妆、香水的使用要得当。

4.5　员工证及名牌

4.5.1　人力资源部将为每位员工配发员工证及名牌，员工证是员工在饭店工作的标志，应随身携带，进出饭店应主动向有关人员出示。名牌属于员工制服的一部分，当值时必须佩戴，部门主管、上司应随时检查。人力资源部有权随时抽查。

4.5.2　员工因不慎遗失或损坏员工证、名牌及有关证件应立即通知人力资源部，以便补发，人力资源部按标准收取费用。

4.5.3　员工离职时，应首先将员工证交至部门上司转人力资源部（或保安部），其他所有证件、物品待办理离职手续时交清。如遗失或损坏应予以经济赔偿。

4.6　员工更衣柜

饭店为每个员工配备一个更衣柜，下列规定应当遵守：

4.6.1　员工应经常保持更衣柜的清洁和整洁。

4.6.2　员工不得将贵重物品带入饭店存入更衣柜，饭店不负任何财物损失责任。

4.6.3　更衣柜内严禁存入食品、饮料及易燃易爆危险品，人力资源部及保安部有权联合不定期检查员工更衣柜。

4.6.4　员工不得私自配锁或更换更衣柜。

4.6.5　员工离职一周内必须清理干净更衣柜，并将钥匙交回人力资源部。人力资源部有权进行清理，由此造成的损失，饭店不予承担。

4.7　制服 / 个人着装

4.7.1　饭店为员工提供工作制服，工作制服由人力资源部和管家部配发。

4.7.2　员工应按饭店规定统一着装和更换制服并保持制服的整洁。如有破损应交制服房缝补，员工在更换制服时，若所领的制服不整洁，员工有投诉的权利。如因本人穿着不当或疏忽大意而导致制服破损或遗失者，按要求予以赔偿。

4.7.3　除非工作需要或特别批准外，员工不得穿着制服外出或把制服带离饭店。

4.7.4 员工离职时须交回工作制服，遗失或破损者按规定赔偿。

4.7.5 对允许着个人服装工作的员工，着装应体现出职业化并适合饭店的工作环境。

4.8 钟卡 / 员工通道

4.8.1 除饭店 A 级经理以上管理人员外，所有员工上下班时必须打钟卡。代人或委托他人打钟卡者，均属违反店规将受到纪律处分。

4.8.2 钟卡上的时间不等于员工的工作时间，它只代表员工进入及离开饭店的时间，员工上下班的工作时间是以员工到达或离开本职岗位为准。

4.8.3 休班（点）的员工进出饭店均需打钟卡。

4.8.4 员工出入饭店必须使用指定的员工通道。离店时其所携带之包裹应主动出示给保安人员检查。凡携带非私人物品离店，须持有关部门总监签发的“物品放行证”。员工带入包裹物品时须登记。

4.9 道德行为 / 个人资料

4.9.1 员工的行为在任何时候都要符合最高标准的道德规范。

4.9.2 员工应真实向饭店填报个人资料，不得弄虚作假；个人资料若有变化应及时向人力资源部报告修改，否则一经查实将给予严厉的处分。

4.10 宾客隐私 / 客用设施

4.10.1 员工应对在饭店留宿的客人的身份和房间号码严格保密，任何员工未经客人许可，不得将客人隐私泄露他人。

4.10.2 除高级管理人员外，员工不得使用饭店内为客人提供的任何设施。任何时间不得使用客用卫生间，不得在任何公共场所、餐厅、楼层、客房内逗留、穿行。

4.11 财务信息 / 计算机软件安全 / 商业秘密

4.11.1 未经总经理许可，任何财务信息不得泄露给饭店以外的机构和人员。

4.11.2 任何员工无权随意复制或出售饭店开发、使用或获得许可的计算机软件。禁止以饭店名义使用非法计算机软件或将尚未授权的计算机软件用于本饭店硬件。

4.11.3 未经饭店同意，员工不得泄露、传达或引用饭店的文件、图片、往来信函和书籍等。

4.12 拾遗 / 私人财物

4.12.1 在饭店公共区域内拾到任何财物，必须立即送至管家部，若在员工区域内拾到任何财物应送交人力资源部。

4.12.2 员工有责任保管好个人财物，倘有遗失应立即报告保安部，以便调查，但饭店不负责赔偿。

4.13 饭店财产 / 饭店钥匙、磁卡

4.13.1 员工若有盗窃行为包括食品、饮品等，不论所窃财物属于饭店、客人或饭店员工，无论所窃财产、物品价值大小，均将被饭店即时开除并予以罚款，情节严重者送至公安部门查办。

4.13.2 员工要爱护饭店的公物，若因蓄意或疏忽而致饭店、客人等财物或器具损失，饭店可根据所毁损之价值和毁损的性质进行处理，除予以经济补偿外，还将予以纪律处分。

4.13.3 员工保管使用饭店的任何钥匙、磁卡、不得擅自复制或转于他人使用。若发现有遗失、错位等情况应立即报告所在部门或保安部。员工在下班离岗或离职前应向有关部门或者有关人员交还所使用的钥匙、磁卡。

4.14 辱骂 / 伤害

4.14.1 员工应时刻以友好、和善的方式与客人及同事打招呼，不得以任何理由为借口，辱骂、侮辱客人及同事，违者将予以最严厉的纪律处分。

4.14.2 任何斗殴、伤害行为都是严禁的。如有斗殴、伤害行为发生，饭店亦将予以斗殴双方即时开除处分，情节严重者将移送公安部门处理。对任何因斗殴、伤害所造成的后果及产生的费用，饭店不承担任何责任及赔偿；对此行为给饭店造成的损失，饭店有索赔的权力。

4.15 吸烟 / 通告

4.15.1 除指定地点任何地方均不得吸烟。

4.15.2 未经授权任何个人不得在饭店内张贴或传播任何通告及其他宣传品。

4.15.3 员工不得在饭店任何公共场所乱写乱画，否则饭店将给予纪律处分。

4.16 私人电话 / 私自受聘

4.16.1 未经同意，员工在岗期间不得为个人私事使用饭店电话。

4.16.2 外来因私电话如无紧急事故，总机概不予转入。若有急事总机可将电话转到部门，由部门负责转达给员工。

4.16.3 员工不得私自受聘于饭店以外的任何单位、从事第二职业、不得自行开业，否则将予以即时开除处分。

第五章 奖励与纪律

5.1 奖励

为维护饭店正常经营和工作秩序，充分调动和发挥饭店员工的工作积极性和创造性，饭店将对有下列表现的员工给予特别奖励。

1. 在完成工作任务、提高个人业务水平和饭店服务质量方面有突出成绩的。

2. 在饭店节约原材料、能源和资金方面有显著成绩的。

3. 在改进饭店经营管理，提高经济效益方面有突出成绩的。

4. 保护公共财产、防止和挽救事故有功，使国家、饭店和员工利益免受重大损失的。

5. 坚持原则，遵纪守法、抵制歪风邪气，并在自觉维护社会治安和饭店秩序方面有突出贡献的。

6. 为饭店科学管理提出合理化建议并被饭店采纳的。

7. 参加社会公益活动，为饭店争得荣誉的。

5.2 纪律

为建立饭店统一的指导方针，以保持饭店有秩序的经营环境，对员工的过失行为将依据纪律处罚条例给予处罚。纪律适用于饭店所聘用的全体员工，不论他们来自国外或本地，也不论他们是正式工或临时工，都将受到饭店规章制度的约束。规章制度包括已列入《员工手册》中的有关条例，饭店有效力的文件，即总经理及人力资源部签发的备忘录中所阐述的规章制度，其他必要时增加内容。

5.2.1 纪律处罚等级

口头警告、书面警告、最后警告、辞退、解聘或即时开除。

5.2.2 口头警告：

有下列过失之一者，将被处以口头警告处分；口头警告予以扣罚当月工资额的5%。

1. 迟到早退、用餐超时、擅离职守。

2. 不使用指定的员工通道。

3. 仪容仪表不整，当值时未穿制服，不佩戴名牌。

4. 搭乘客用电梯（特殊情况例外）。

5. 下班后无故逗留在饭店范围内。

6. 未能保持更衣柜及更衣室的整洁。

7. 工作时咀嚼口香糖或零食。

8. 在饭店内随地吐痰或乱扔杂物。

9. 工作或服务效率不佳。

10. 疏忽或不小心毁坏饭店财物。
11. 工作区杂乱无章，机器不干净、不整洁，设施设备没有放在规定位置。
12. 在工作区内吃喝，在员工餐厅不讲卫生。
13. 吵闹、粗言秽语或扰乱饭店秩序。
14. 在非吸烟区吸烟。
15. 未经许可在正常工作结束时间之前停止工作。
16. 上下班不打钟卡。
17. 不恰当使用卫生间或员工餐厅设施。
18. 不遵守健康制度。
19. 不报告导致客人投诉的事件。
20. 不与客人打招呼。
21. 对客人缺乏应有热情，表情冷漠、僵硬。
22. 违反操作程序，尚未导致事故者。

5.2.3 书面警告

有下列过失之一者，将被处以书面警告处分；书面警告予以扣罚当月工资额的 10%。

1. 擅离工作岗位或串岗。
2. 在更衣柜内存放食品和饮料。
3. 使用饭店的电话及设备办理私人事情。
4. 工作时收听收音机、录音机，看与饭店无关的书报。
5. 对客人不礼貌，大声与客人说话。
6. 当值时睡觉。
7. 在店内私自烹调饮食。
8. 当班时私自会客。
9. 当值时喝酒或酒后上岗。
10. 旷工一天，习惯性迟到，捏造事实请假。
11. 未经允许进入客用区、客用洗手间。
12. 未保管好钥匙、磁卡。
13. 与客人不适当的接触，与客人兑换钱币，向客人索要小费或礼物。
14. 渎职，工作质量一再达不到标准。
15. 将饭店刀、叉、筷子、勺子和盘子扔进垃圾袋。
16. 在饭店门、窗、电梯间、走廊、餐厅等场所乱写乱画。
17. 违反安全工作规则。

18. 不遵守更衣室、员工餐厅、员工宿舍的管理规定。

19. 在饭店范围内，拒绝饭店检查或拒绝协助保安人员检查。

20. 拒绝接受关于行为或纪律方面的有关劝告。

21. 第二次口头警告。

22. 其他较严重过失。

5.2.4 最后警告

有下列过失之一者，将被处以最后警告处分；最后警告予以扣罚当月工资额的25%。

1. 第二次书面警告。

2. 代人打钟卡或委托他人打钟卡。

3. 因迟到、早退或旷工以致饭店损失重大，影响极坏者。

4. 因无责任心导致跑漏账。

5. 在禁区内动用火种。

6. 玩弄灭火器或保安设施。

7. 在饭店范围内发现任何致使自己或其他员工处于险境或使饭店任何个人财物受损害的情况时，不向上司报告。

5.2.5 辞退、解聘或即时开除

有下列过失之一者，将被处以辞退、解聘或开除处分；以上处分予以扣罚当月全部工资并追究经济赔偿。

1. 未经饭店授权与其他饭店或个人交易。

2. 可能使他人生命安全处于危险的行为。

3. 未经授权使用饭店车辆、设备、器械。

4. 未经允许用饭店客房招待私访者，未经同意和客人发生过分关系。

5. 拾到财物不上交。

6. 未经书面同意旷工三天。

7. 未经批准利用饭店电话打长途电话。

8. 向客人提供劣质服务导致客人投诉。

9. 未经同意打开或触动客人财物。

10. 发表关于员工、管理层及饭店方面的虚假的不公正言论或声明。

11. 未经授权携带或滥用钥匙、磁卡。

12. 未经授权修改饭店记录或文献，泄露饭店机密。

13. 偷窃客人、饭店或员工的财物。

14. 超额或折价收取服务费，擅自改动账单或收据。

15. 故意破坏饭店财物、设备设施。

16. 和客人、上司或同事发生斗殴。

17. 在饭店内私藏毒品。

18. 递交辞职报告未经批准在规定的时间内不来上班。

19. 截留账款或服务款项。

20. 协助客人逃账。

21. 采取恶劣的态度或行为损坏饭店声誉。

22. 玩忽职守，不服从领导安排，顶撞上司者。

23. 未经批准私自复制饭店钥匙、磁卡。

5.3 执行纪律程序

特殊情况根据总经理办公室决定执行

5.4 处分取消

在受到纪律处分后一段时间内，行为有所改进且未有其他过失行为者，处分可以取消。口头警告——3 个月，书面警告——6 个月，最后警告——12 个月。

执行纪律程序

注：若员工拒绝在违纪处分报告上签字，而人力资源部审核后，认为部门的处分意见正确，人力资源总监签字后，该纪律处分同样生效。

第六章 工作表现及态度

员工良好的工作表现及端正的工作态度是饭店成功运转的关键。饭店全体员工只有通过共同努力，恪守职业道德，履行岗位职责，才能确保客人满意。

6.1 保持尊重

保持礼貌和礼仪，保持仪表整洁和职业化，对客人及同事表示尊重。尊重可通过个人的行为、仪容仪表、言谈举止表现出来，任何缺乏尊重如争吵、斗殴或不向客人问候等表现均属过失行为。

6.2 高效率工作

精力充沛、头脑清楚地投入工作，坚守工作岗位，尽职尽责，按上级指示办事，保持一种良好的职业气氛。

任何懒惰、松散、消极怠工、不积极与同事合作的表现，都将会影响饭店的工作效率，属过失行为。

6.3 诚实

公平、坦诚地与人交往，积极做好工作，不弄虚作假或降低工作标准，上交拣、拾客人、员工或饭店财物。勇于承认错误并及时报告部门主管。言谈举止的诚实有助于营造一种使客人感到舒适和满意的氛围。在与饭店以外的客户交往时，诚实也是至关重要的，任何不诚实的表现，均属严重过失行为。

6.4 真诚及谦虚

倾听他人讲话，恭称客人的名字并微笑致意。客人永远优先，帮助客人开门、搬运行李。谦虚使我们始终把客人放在首位。真诚发自于内心，是人内在美德的一种表现，任何缺乏真诚和谦虚的表现均属过失行为。

6.5 爱护财物和设施

保持制服清洁无破损。

保持工作环境整洁，保持公共场所如员工餐厅、员工更衣室的整洁卫生。

保持机器、设备和工具性能良好，运转正常。

按照安全规则使用机器、设备。

不正确使用或破坏饭店财物，乱涂乱画或不遵守安全规则，均属过失行为。

6.6 乐于助人

帮助客人并满足客人要求。

帮助同事完成工作。

乐于助人是为客服务的最基本要求。

在工作中不与同事团结协作，给别人的工作带来麻烦，均属过失行为。

6.7 守时

按时上岗工作，在指定位置打钟卡、穿好制服、佩戴好员工名牌、仪表整洁；按时休息、就餐；按时上岗工作是尊重同事、上司和客人的表现。

迟到、早退、旷工、上下班不打钟卡、玩忽职守均属过失行为。

6.8 客人投诉

员工如遇顾客投诉，必须专心听取顾客的意见，需急切处理的应立即帮助解决。若超越员工本身职责权限以外时，则应立即通知直属上司或大堂副经理解决，不能及时处理的应记录投诉人姓名、房号等投诉详情，并礼貌诚恳地向投诉人致歉并解释不便即时处理的原因。

6.9 员工投诉

员工在工作期间若有任何不满需投诉者，可向直属上司或部门负责人投诉，也可向人力资源部投诉，投诉形式可采取口头或书面投诉，倘员工采用书面形式需注明员工工号、姓名、部门及投诉的实际详情。所有员工的投诉信件，人力资源部将作为高度机密处理。

第七章　员工申诉

若员工不服饭店的任何行政决定或处分，可向其所在的部门主管提出申诉。如果问题没有得到解决，可向更高一层的部门经理 / 总监申诉。员工申诉应得到及时的答复及决定。否则，员工可以直接向人力资源部申诉。人力资源部应在三天内展开调查，五天内答复员工。员工如对人力资源部的答复不满意，可以以书面形式向饭店工会委员提请申诉，饭店工会将对申诉问题重新调查，做出决定。员工不得借故直接或间接滋扰总经理和任何董事会成员。

第八章　安全措施

8.1　因工受伤

8.1.1　员工在工作时若意外受伤应立即通知部门主管或人力资源部（保安部）。

8.1.2　为安全起见员工发现不安全的设备或设施且足以导致意外伤害者，应即时上报有关人员及部门，以便及早预防。

8.2　火警措施

8.2.1　遇火警时员工应保持冷静。

8.2.2　开启最近的报警器。

8.2.3　立即呼唤 / 组织附近同事援助。

8.2.4　立即通知总机或保安部，报告火警地点、火灾情况及员工本人姓名、部门，且尽可能通知各有关人员，千万不可挺身冒险投入救火而忘记报警。

8.2.5　若火灾扩大而导致有生命危险，必须协助客人撤离火灾现场。

8.2.6　发生火灾时切勿搭乘电梯，必须按规定使用消防疏散楼梯通道或组织客人乘坐消防电梯。

8.2.7　在安全情况下利用就近的灭火设备将火扑灭。

8.2.8　切勿用水及泡沫灭火器扑救电器火灾。

8.2.9　关闭所有煤气阀门，移走所有易燃易爆物品。

8.2.10　由总机人员或消防中心人员通知值班经理及各部门。

8.3　升降机意外措施

如发现有人被困在升降机内应立即通知总机，由他们通知当日总值或大堂经理、保安人员及工程人员到场拯救。

8.4　安全要求

所有员工必须参加消防训练并切实掌握火警知识，了解所有消防通道、出口位置以及灭火设备的具体位置和正确的操作方法。

8.5　意外事故

8.5.1　如遇任何意外事故发生立即通知总机、值班经理。

8.5.2　加设标志，警告其他人勿靠近危险区。

第九章　安全忠告

9.1　安全掌握在你手中

安全是建立在安全的条件下，以及你每时每刻行动上的小心。在设计一个饭店以及选择饭店设备、家具、供应品的过程中，安全始终是被放在首要的位置上来考虑。然而不安全因素仍可能存在或出现在饭店中。每一位员工都有责任去消除这些因素。同样，为了你自身和他人的利益，你必须每时每刻安全操作。

9.2　帮助防止和消除不安全因素

9.2.1　饭店内发生的事故，无论大小，立即报告，这样就能使管理部门及早确定并消除一切不安全因素。

9.2.2　立即清理任何液体，这样就能够防止滑倒。

9.2.3　立即清理碎玻璃及盘子或其他潜在的危险物。

9.2.4　清理各通道上的障碍物。

9.2.5　如果你本人无法纠正不安全因素，应立即向你的上司报告。

9.3　安全操作

9.3.1　如果你不能确定怎样安全地做一项工作，向你的主管咨询。

9.3.2　充分利用设备中所提供的安全装置。

9.3.3　工作中严禁打闹或恶作剧。

9.3.4　着正确的工作装。

9.3.5　学习和利用正确的方式搬运重物。

9.3.6　选用正确的工具和设备，不要即兴选择。

9.3.7　当操作具有潜在危险的工具或设备时，不要和其他人闲聊。

9.4　安全忠告

在下面的篇章中，你可以找到安全方面的一些忠告。

第十章　修订

人力资源部拥有本手册的解释权。

《员工手册》按规定已报送劳动局备案。

兹收到 ×××× 饭店所发《员工手册》，完全明白其内容。在任职期间，本人愿意遵守此手册中的各项劳动条例及规章制度。

员工姓名：
部门：
日期：

作业任务

应用分析：

分析一家饭店《员工手册》，根据本课审核内容进行研讨，总结分析其特征。

项目 2 饭店程序文件建设

学习目标

- 能够说明饭店程序文件的概念；
- 能够准确说明饭店程序文件的类型与作用；
- 能够正确叙述饭店程序文件的编制方法；
- 能够准确叙述饭店程序文件的格式；
- 能够根据饭店程序文件格式编制工作程序文件。

课程内容

一、程序文件概念

（一）程序

程序是为进行某项活动或过程所规定的途径。程序可以形成文件，通常称为“书面程序”或“形成文件的程序”。也可以不形成文件，即所谓口头程序。凡含有程序的文件可称为“程序文件”。

（二）标准

标准是指依据或准绳，是一种对过程和结果进行衡量的参数。标准是订立有秩序及可以共同遵守的衡量尺度。标准是控制的必要条件，因为事先决定的工作指南具有公平、实用、合理等特点，在评价工作表现时，是量度和比较的基础。比如质量标准，它是用来衡量完成的工作是否合乎品质的要求而规定。

（三）作业标准

是为了保证在规定的成本和时间内完成规定质量的产品所制定的方法。理想而有效的标准必须具备很多条件。

（1）总括性　每个部门订下标准，避免发生互相推卸责任的漏洞；

（2）一致性　每个部门订下工作标准都经过管理人员的协调，有相辅相成的作用，因此各部门能够共同完成经营目标；

（3）公正性　各部门的工作标准，应经过客观及合理的制定过程、要大公无私；

（4）可行性　订立的工作标准，如果成功的可能在 50%~80% 之间，下属员工会觉得合理；如果工作标准订得太高，会招致下属不满及反对；订得太低，则会抹杀了员工的积极性；

（5）适用性　订立的标准一定要适合实情，以保证其效用；

（6）可理解性　标准应精练，易于下属员工明了和掌握工作的要求；

（7）经济性　工作标准要使成本控制符合经济原则；

（8）合法性　各部门的工作标准，必须经各部门经理同意后公布；

（9）稳定性　工作标准应能适用于一段较长的时间，所以要有弹性，才不会短期内失去公正性、可行性及适用性；

（10）渐进引导性　是以标准与结果比较、改善管理的途径，所以工作标准应提供渐进的引导，作工作进度的指标。

二、程序文件构成类型与作用

（一）程序文件的构成

饭店程序文件是管理制度文件，是饭店实际工作运行的基本程序。一般包括：质量管理程序文件、环境管理程序文件、职业健康安全管理程序文件三类。

（1）质量管理程序文件包括服务过程控制程序、设备维护控制程序、采购控制程序等；

（2）环境管理程序文件包括环境因素识别与评价控制程序、“三废”排放控制程序、节能降耗控制程序；

（3）职业健康安全管理程序文件包括安全生产控制程序、有害作业控制程序、员工职业健康控制程序等。

（二）程序文件的作用

（1）程序文件是制度文件的支持性、基础性文件；

（2）程序文件是组织正式发布的文件，具有约束力。应用程序文件能使管理规范化、系统化；

（3）执行程序文件，能恰当而连续地使各项管理活动处于受控状态；

（4）程序文件可作为验证、审核管理活动的依据；

（5）程序文件具有针对性和可操作性，各项要求明晰，职责分明；

（6）能使管理体系具有预防控制和纠偏的能力。

三、程序文件的结构及管理要求

（一）程序文件的结构

（1）标题　说明开展的活动及其特点；

（2）目的　说明为什么要开展这项活动；

（3）适用范围　活动涉及到哪些方面；

（4）职责　明确由谁负责实施，职权、对接及其相互关系；

（5）工作程序　按 5W1H 列出开展此项活动的细节；

（6）相关支持性文件　引用的或与本程序相关联系的文件；

（7）记录　使用该程序时所产生的记录和报告、表格。

（二）文件管理要求

程序及标准文件是饭店的技术资料与知识产权的载体和组成部分，是饭店工作标准化管理的基本依据。因此，饭店程序文件的管理基本要求有以下几个方面。

（1）文件起草应由饭店总经理主持批准立项，由总经理审定的人员组成文件起草小组完成；

（2）文件的内容应当经由工作实践环节实验性应用或征求操作执行者意见；

（3）文件的审定批准由总经理授权的审定人员提出审核意见；

（4）文件生效需要有总经理批准执行签发记录；

（5）文件执行部门应当做好相应的传阅、培训以及执行检察记录，并存档。

四、饭店程序文件格式说明

饭店程序文件可以按部门建立，按照不同部门 / 班组的工作任务逐一编制程序文件。每个程序文件通常由 2 个部分组成：一是程序文件管理，包括文件主题名称、文件编号、批准人及批准时间等；二是程序文件内容，包括文件执行的目的及工作流程说明等。以下以餐饮部工作程序文件为例，可以参照建立其他部门工作程序。

餐饮—制度和流程指南

（一）月度经营报告政策（表 6–1）

表 6-1 餐饮部月度经营报告政策

主题：月度经营报告政策	参考号：F&B-EXC-001
批准：餐饮总监	日期：
批准：总经理	日期：
目的	每月对经营的各方面进行全面的分析、总结
流程	对当月经营进行分析、总结 对当月营运工作进行分析、总结 对当月营运费用进行分析、总结 对当月消耗品用量进行分析、总结 对当月餐具损耗量进行分析、总结 制订各项相关改进方案和跟踪各部门的实施

（二）年度经营报告政策（表 6–2）

表 6-2 餐饮部年度经营报告政策

主题： 年度经营报告政策	参考号：F&B-EXC-002
批准：餐饮总监	日期：
批准：总经理	日期：
目的	根据当年的经营，对各方面进行全面的分析、总结
流程	对当年经营进行分析、总结 对当年各项出品进行分析、总结 对当年人力资源进行分析、总结 对当年营运工作进行分析、总结 对当年营运费用进行分析、总结 对当年消耗品用量进行分析、总结 对当年餐具损耗量进行分析、总结 制订各项相关改进方案和跟踪各部门的实施

（三）下年度经营报告政策（表 6–3）

表 6-3 餐饮部年度经营报告政策

主题：下年度经营报告政策	参考号：F&B-EXC-003
批准：餐饮总监	日期：
批准：总经理	日期：
目的	根据当年的经营和市场的发展制订下年度的经营预算
流程	制订下年的推广计划 制订下年的工作计划 制订下年的经营额的预算

（四）餐饮部总值政策（表 6–4）

表 6-4 餐饮部总值政策

主题：餐饮部总值政策	参考号：F&B-EXC-004
批准：餐饮总监	日期：
批准：总经理	日期：
目的	当值时间内，监督餐饮各部门的运作，解决出现的问题，及时报告饭店值班经理和餐饮总监
流程	值班时间每日 18：00~24：00 当开始值班时，向饭店当值经理和电话总机报告 巡查餐饮部各部门的里里外外，各餐厅的营业中出现的各种问题、客人投诉和突发事件做出处理，当不能解决时，立即提交饭店值班经理 根据检查的内容进行巡查，并做记录 值班时携带传呼机 每月由餐饮部编定值班表，如有特殊原因而不能按期值班，需与别人调换或替代，书面通知餐饮部 按职责的指引，有效地完成值班任务 每晚值班结束时，报告饭店值班经理及电话总机 值班报告必须每天早上 8 时前交到餐饮部，第二天餐饮部早会时做讨论

（五）餐饮部例会政策（表 6–5）

表 6-5　餐饮部例会政策

主题：餐饮部例会政策		参考号：F&B-EXC-005
批准：餐饮总监		日期：
批准：总经理		日期：
目的	通过例会清楚饭店的最新指示、信息，解决工作中出现的问题	
流程	时间：星期一至星期五上午 10：00~10：30 地点：会议室（或另行通知） 主持：餐饮总监 参加人员：各部门经理、行政总厨师长、管事部经理 会议记录：秘书 会议内容： 传达总经理例会有关对餐饮部的指示，布置、落实具体的实施办法 检查当天计划的落实情况，布置未来的工作 制订对各部门营业、工作的改进措施 共同探讨、分析市场，商讨应变的措施 听取各部门的汇报，进行内部协调，检讨总结上次会议布置的工作的实施情况 如果以上人员休假，必须安排代理负责的主管参加	

（六）资料档案管理政策（表 6–6）

表 6-6　餐饮部资料档案管理政策

主题：资料档案管理政策		参考号：F&B-EXC-006
批准：餐饮总监		日期：
批准：总经理		日期：
目的	按要求建立和完善资料档案，保证系统化的管理顺利进行	
流程	经营类	餐饮部内各分部门的经营策略描述及经营计划 餐饮部各分部门的收费标准及价格政策 餐饮部菜牌、酒水牌档案 餐饮部运作分析表 餐饮部月度报告 餐饮部中、西餐食品及酒水、饮料档案 餐饮部食品节计划与执行情况记录

续表

流程	管理类	人员管理	各分部门行政构架图 员工个人资料 各分部门考勤表 各分部门排班表
		资产管理	餐饮部各分部门盘点表 餐饮部各分部门固定资产及营运用品盘点记录档案 餐饮部瓷器、玻璃器皿、布草破损记录
		印刷品管理	菜牌、酒水牌、印刷品档案
		制度管理	各分部门操作手册、政策及程序 部门规章制度 饭店规章制度 年度质量检查手册
		文件管理	外部文件（收） 外部文件（发） 内部文件（收） 内部文件（发） 会议记录档案 各种工作计划汇总档案 部门各种文件 培训计划、培训资料及执行情况 客人资料管理——客人档案 客人投诉及处理投诉档案
		合同管理	
		工程管理	各分部维修计划
		采购管理	各种物品的采购价格档案 餐饮部所有到仓库领货记录
		卫生管理	有关厨房、食品、管事部的卫生管理

五、饭店标准操作程序文件格式说明

饭店标准操作程序文件是按照不同工作任务逐一编制程序文件。每个程序文件通常由 2 个部分组成：一是程序文件管理，包括文件工作任务名称、文件编号、批准人及批准时间等；二是程序文件内容，包括文件执行的目标、政策阐述及程序内容等。下面以任务为例，可以参照建立其他工作任务操作程序。

（一）重要客人入住标准操作程序（表6-7）

表6-7　重要客人入住标准操作程序

任务名称	重要客人入住	有效日期	
编号		批准人	
分配			
目标	为重要客人提供满意的服务		
政策阐述	饭店的这项政策指出：每一位重要的客人一出车门就应该得到饭店值班经理和相关部门总监的热情迎接		
程序内容	确定房间已经被彻底地检查，舒适的环境和令人愉快的设施及欢迎信已经准备就绪。为客人准备的第二间房在当天要空出，第一间房在使用的前一天要空出 必须准备好登记卡、钥匙卡套及钥匙（确定钥匙有效） 记录所有的检查项目，将钢笔抵达信息及传真等集中在一起 与饭店代表协调，在重要客人抵达前15分钟通知传信者 携已准备好的检查表、抵达信息、传真在饭店门口（外侧）等待客人 称呼客人的姓名来问候客人并表示对其光临本豪廷××（饭店名）的欢迎。 等到正式的问候、欢迎等结束后，告知客人他拥有直接到其房间单独登记的特权。如果客人犹豫，则建议客人到行政楼层（仅仅对行政楼层的客人）或行政楼层接待台或前台办理 确定随客行李数量并告知行李员重要客人行李的优先性 陪同客人至电梯，并向客人介绍饭店设施 为客人开门，开灯及把门 如果客人对房间满意，为客人让座并有礼貌地要求客人在登记卡上签字 在此同时，行政楼层接待为客人送迎客茶 为客人送茶，并请求客人给予信用卡号码。同时落实客人是否为饭店会员，是否需要航班预订和轿车安排等 如果你需要进一步协助，则移交抵达信息、传真和要求等 行李员为客人放置行李，当房门打开时致客人“旅途愉快”的祝愿 将登记卡归还前台并确定其已经正确地被输入		

（二）意外客人标准操作程序（表 6–8）

表 6-8 意外客人标准操作程序

任务名称	意外客人	有效日期	
编号		批准人	
分配			
目标	确保受伤客人能够立刻得到医护 通过及时的行动，保障客人生命安全		
政策阐述	此项政策旨在确保任何客人受伤时能够迅速得到生命保障措施		
程序内容	一旦紧急事件发生，保安部经理（其不在时为保安值班经理）和大堂助理应该被通知到 利用现有的初步急救箱和设备，立刻实施初步急救工作 安排由饭店汽车（由大堂值班经理决定）将伤者送至最近的门诊或医院 如果伤者处于较危险的情况，不要移动，如果可能则安排紧急情况处理办法，同时安排救护车 为救护和医疗人员准备好服务电梯以便其迅速采取行动 伤者经过的区域应该处于饭店后门处，以避免和客人接触 保安部员工应该被召集并协助护送伤者至医院 应立即通知总经理，行政副总和保安部经理 确保相关人员控制事故扩散的机密性 保安确保救护车直接到指定区域 如果事故发生在客房，受害者有朋友或亲戚陪同，则可以允许其对房间内设施的变更。发生事故的房间需要被双锁，以便更进一步的调查 如果受害人没有人陪同，应该尽力按照护照上的联系方式联系其亲属 如果有必要，可联系该国籍的大使人员 客人的旅行文件应该被检查，相应的航空公司和旅行社应该被通知 事故应该被严格对外界保密，尤其是新闻界 所有的相关需求将交由公共关系经理和总经理处理 任何事故报告由保安部填写		

作业任务

实训练习：

请使用本节工具表，编写一套饭店前厅部服务程序和标准文件。

学习单元七

饭店运营管理

项目1 饭店硬件系统管理

学习目标

- 能够准确叙述饭店硬件系统构成与管理形式；
- 能够准确叙述饭店硬件管理制度主要建设内容；
- 能够准确叙述饭店硬件各系统管理标准；
- 能够准确理解相关表格作用并能够使用。

课程内容

一、饭店硬件系统构成

（一）系统构成

饭店硬件系统主要指建筑主体工程建设及装修过程中的“硬装”部分，其构成包括以下几方面。

（1）饭店建筑主体系统（饭店建筑主体框架结构，包括墙体、五金件等）；

（2）饭店安全与消防系统（消防栓系统、自喷淋系统、报警系统等）；

（3）饭店升降系统（客用电梯、货运电梯、食梯等）；

（4）饭店供暖与制冷系统（锅炉、交换器设备等）；

（5）饭店供电系统（变压器、电缆）；

（6）饭店新风与排风系统；

（7）饭店给排水系统（管路、阀门、压力泵等）；

（8）智能设施系统（房控系统、音响系统、管理软件、会议系统、照明系统、床头控制、网站建设等）；

（9）饭店网络系统（通讯线路设备、宽带系统、广电系统、有线电视系统等）。

（二）硬件系统管理形式

1. 计划维保

饭店承建及装修施工方负责建筑投入使用后一年至五年期的定期维修工作。之后，将由饭店工程部负责各硬件系统的综合计划维修。负责饭店大型重要设备的保养，要求保养计划进程公开排定，各项计划都要明确相应的责任人和保养人。饭店应当制订包括中央空调机组及附属设备、高配系统及附属设备、客用电梯、供水、供汽系统、新风机房等多项检修保养计划。

2. 应急维修

针对应急突发状况的处理，工程部必须制订重要设备发生故障的应急计划和准备应急维修的工具，并将相应计划措施制订成册，如漏水，灾害性天气单路、双路停电等多项应急操作流程，下发工作班组，安排培训考核。确保突发情况下饭店的损耗率降至最低。

二、饭店硬件管理制度建设

（一）建立饭店设备设施档案

建立设备档案是设备管理的必备环节。设备技术档案要分类建立，其内容包括：设备登记卡（记有设备名称、种类、规格型号、性能、参数等）、使用说明书和合格证、设备安装施工图、检修登记表、事故报告单、设备验收记录等技术资料。

建立设备技术档案，做好分类编号。设备可按用途分类，如机器、交通运输、家具、家用电器、厨房设备等；也可按部门分类，如客房设备、餐饮设备、康乐设备等。设备的编号没有统一的规定和要求，一般采用三节号码法。

（1）第一节表示设备的种类；

（2）第二节表示设备所在的位置；

（3）第三节表示设备的序号，如有附属设备，可用括号内数字表明。

（二）建立饭店设备设施维护保养制度

（1）要在饭店内设备分类基础上，对各类设备设施制定维护保养标准。并将维护保养标准汇编成册，分发到各部门，并向全体员工进行培训。日常维护保养制度由工程部制定，由饭店发布，作为对每个部门的规范要求。

（2）饭店设备的日常维护保养工作，应当规定由使用部门和工程部门分工负责日常维护保养。

（3）工程部应当根据各类设备的保养要求、设备的现状，制定出各类设备的定期维护保养时间和内容，并由工程部实施维护保养。定期维护保养应当落实“定时间、定对象、定内容、定工作量和标准”的基本要求。

（三）建立饭店设备设施维修保养责任制

饭店应当组织工程部制定饭店各种设备使用操作规程和保养规程。规程应当明确不同设备的用途、功能、操作要求及保养要求。规程要求详细具体，简单实用。设备操作、保养规程要落实到饭店相关班组和个人，饭店应当建立岗位责任制给予保证。

组织对设备设施维修保养工作的考核检查。

对各类设备使用情况进行考核检查。

（1）设备能力利用；

（2）设备生产产量；

（3）设备状况；

（4）设备保养；

（5）运转正常程度；

（6）设备完好率；

（7）设置各项专业指标。

对设备作业情况进行考核检查，考核检查是否违反操作规程。考核检查主要由各级管理人员实施，要定期进行，考核检查的结果要定期做好记录。

三、饭店硬件设备设施管理标准

（一）供电系统中变配电设备的维修保养

干式变压器无需进行每年一次小修，仅需对其外部进行除尘和检验即可。

（1）高压室内的避雷器，每年至少进行一次特性实验；

（2）供电系统的接地网，防雷接地系统的接地电阻测试，每年至少进行一次。其接地电阻值应大于 5 伏或满足设计要求的数值；

（3）备用柴油发电机组每两周启动一次，每次 10 分钟左右，如果一年中未投入运行，则应启动运行特性实验一次，每次不少于 30 分钟；

（4）其他应急备用电源每年保养 1~2 次，特殊情况可增加维修次数；

（5）应急照明灯具如一年内未投入运行，则应保养一次。点燃时间为

20~30 分钟或根据产品特性指标进行操作；

（6）主供配电室变压器每 5~10 年进行一次大修，一般浸油式变压器每 3 年取油样做化学分析；

（7）高压配电设备的维修周期，由当地供电部门规定，一般为 1~2 年一次；

（8）其他供配电的维修周期，依具体情况按设备产品说明书要求，由技术工程部自行决定。

（二）电梯的维护与保养

电梯的使用和维护，始于电梯安装完毕和正式验收之后，为确保电梯的安全行驶，必须建立正确的维护保养及管理制度，每个维修人员必须按照所制定的制度执行。

（1）每周对主要安全设施和电气控制部分进行一次检查，机械部分的检查和润滑；

（2）每三个月对其较重要的机械和电气设备进行细致的检查、调整和维修；

（3）每年组织有关人员，进行一次技术检查，检查所有机械、电气、安全设施的工作状况，修复、更换磨损严重的零部件；

（4）根据使用情况，可在三至五年内，进行一次全面的拆卸清洗检修；

（5）根据电梯运行性能，确定大修期限；

（6）每年检查一次电气设备的金属外壳接地或接零装置，接地电阻应少于 4 欧姆（Ω）；

（7）每年检查一次电气设备的绝缘电阻、阻值不得小于每伏 1000 欧姆（Ω）；

（8）将发生的故障、检查的经过、维修的过程作详细的记录；

（9）电梯正常工作条件应符合电梯技术条件中的有关规定；

（10）机房内应当干燥，与水箱和烟道隔离，通风良好，机房顶应有保温层。寒冷地区应考虑采暖，并有充分的照明（照明电源与控制线路分别铺设）。机房温度不易过高；

（11）井道内除规定的电梯设备外，不得存放杂物；

（12）机房和井道需保证没有雨水侵入的可能，机房通道不得有障碍物；

（13）用于清洁的物品油泥抹布等易燃品，必须随时清理，并贮存在金属容器内。

（三）空调及制冷系统的维修和保养

机组的操作人员，不仅应熟悉机组的工作原理、性能、构造、操作运行和调节方面的基本知识，而且还应熟悉和掌握针对机组部位的定期和日常维护、保养规划，使机组始终保持良好的运行状态，以延长机组的使用寿命。

空调制冷设备通常按自动运行来设置，因而忽视了必要的预防管理。为避免此问题，设备在运行过程中一旦出现某种故障，应记录有关仪表显示的参数值和故障发生的现象，并根据实际情况和已掌握的运行经验来加以剖析，找出发生故障的原因和部位。

1. 空调水管系统的维护与保养

空调水管系统包括冷却管、冷冻水管和热水或蒸汽管等。对于双管风机盘系统，夏季输送 5~8℃的冷却水，冬季输送 70~80℃的热水，管道的热胀冷缩幅度较大，因此在管道的连接部分容易出现损坏和漏水现象。在夏季，管道阀、法兰接口与空气直接接触的部位及管道隔热结构的防潮层损坏部位，容易产生结露，产生电化学腐蚀和隔热材料受潮，降低隔热性能，造成能源浪费，这些部位都应定期检查，及时处理。双管风机盘管系统，一般一年全面清洗一次。

2. 离心式冷水机组的维护与保养

离心式冷水机组全面连续使用时间一般为 4~6 个月，其余时间进行停机维护和保养。

（1）确认抽气回收装置各设备的可靠性，使抽气回收装置可靠运行；

（2）检查油泵和油系统。排除油泵在日常维护保养中发生的故障原因，检查油泵中转子与定子间隙及齿轮对润滑片的腐蚀情况，并修复或更换。检查并清洗油冷却器，并对油冷却器进行通水实验。检查润滑油系统的外接油管、阀门、油过滤器等是否完好畅通；

（3）检查或更改制冷工质和润滑油；

（4）应对离心式压缩机的气密性、转子平衡和振动、径向滑动轴承与推力轴承的间隙、齿轮啮合状况、压缩机流道积油状况等进行检查；

（5）对进口能量调节机构进行必要的保养；

（6）对蒸发器、冷凝器进行检查和保养。检查项目：传热管是否有泄露；水流程是否有短路；浮球阀浮降机构能否正常工作；传热管水侧腐蚀情况等。保养项目：排尽冷冻水和冷却水，以防止冬季发生冷冻事故；排出制冷工质；对蒸发器、冷凝器等进行干燥除湿处理，以除去进入水分；对传热管内壁进行清洗，以除去水垢。

3. 溴化锂吸收式制冷机的维修保养

对于溴化锂吸收式制冷机，保持气密性及对制冷剂、冷却水和冷冻水要进行严格管理。

（四）消防系统设备的维护与保养

饭店消防系统有其特殊的重要性，技术工程部必须保证消防系统及设备良好的运行状态。所以技术工程部应该制定完整的管理制度和详尽的操作程序，并指定专人负责，定期检查、维修和保养，检修后填写检查表格。检查项目包括报警系统、消防栓、灭火系统、给水系统、事故照明等。

1. 报警系统设备维护检查

为了检查探测区域报警器各主要单元电路的可靠性，在区域报警器上设有检查功能。为了检查区域报警器至集中报警器连线及集中报警器各主要单元的可靠性，在集中报警器上也设有检查功能，检查人员应每天通过火灾模拟检查火灾模拟信号，及时发现问题，进行维修和保养。

2. 消火栓系统设备维护检查

（1）室外消火栓　应每季度进行一次检查保养；

（2）室内消火栓　主要检查保养内容有以下两方面。自动喷水灭火系统设备维护保养，消防给水系统设备维修保养。

（五）锅炉设备运行与保养

为了保证锅炉的安全运行，应建立必要的规章制度，如安全操作规程、交接班制度、燃料管理和经济核算制度、水质管理制度、定期维修保养制度以及岗位责任制等。运行记录是锅炉设备在日常运行中的指数记载。为了能随时了解锅炉运行情况和便于以后查对有关事宜，锅炉房应建立运行日报表。

为了使司炉人员熟悉自己操作的设备，管理人员应将本锅炉房所属设备及管理的总图及总平面布置在锅炉房内，使工作人员能随时了解设备状况与管理规范，以指导安全运行。设备登记簿是锅炉历史情况的档案，对锅炉所有设备均应设立各自的技术挡案，将其设计、安装、原始规范尺寸等记录在内。在运行中还要将有关运行、停用、事故、检修等情况逐一记录，以便必要时对设备运行、检修及检验进行考证工作。

锅炉经过一段时间的运行后，设备的部分部件会产生磨损或腐蚀。所以，为保证锅炉良好状态，必须对锅炉进行定期维修和日常保养。锅炉维修的间隔周期，与设备状态、负荷高低所产生的缺陷和故障等有关。在一般情况下，小修每半年进行一次，大修每1~2年进行一次。技术工程部负责维修的组织工作，并严格执行维修工艺、质量要求及验收规范。

（六）清扫设备的维修保养

饭店清扫设备一般有吸尘器、洗地毯机、地毯干洗机、磨光打蜡机、吸尘吸水机、电动洗衣机、洗沙发机、高空擦窗机等。这里主要以吸尘器说明设备的维修保养工作。

吸尘器的种类虽然很多，但构造原理基本相同。吸尘器的电机是单相交直流两用串激整流子电机，其转速高达20000~25000转/分。

吸尘器接通电源后，风叶轮（风扇）在电机的高速驱动下，使空气以极高的速度通过风叶组，此时在吸尘器内就形成了瞬间真空，与外界形成了一个相当高的负压区，在压差的作用下将吸嘴近旁的尘埃挡在储灰筒内，而空气则透过过滤器后排出，从而完成吸尘过程。使用吸尘器的注意事项有以下几个方面。

（1）一般吸尘器为干式，不能吸取液体、黏性物体和金属导电粉末以及体积较大的垃圾；

（2）每次使用吸尘器不能连续超过1小时，以免电机发热过度。电机的炭刷使用一段时间后，要进行检查，通常炭刷寿命在800~1000小时。炭刷是吸尘器内电机部分的重要零件，经长期使用会被磨损，使转速降低，噪音增大。炭刷短于7毫米时，应更换；

（3）发现温度过高或异常响声时，应立即停用待查；

（4）维护、保养电动机是延长吸尘器寿命的关键。延长电动机寿命的最根本一点是保持风道、过滤系统的通风良好，所以过滤网、集尘器要经常清理。吸尘器及时清理是使用吸尘器最应注意的环节；

（5）电机的轴承部分应经常加润滑油脂，如使用高速复合钙基脂，禁止使用普通黄油；

（6）电源线的维护直接关系到人身安全，发现电源线破损应立即停止使用。

（七）厨房设备的维护与保养

（1）炒炉维护时要注意检查炉圈砖、炉头顶圈等高温配件是否损坏，如发现损坏，要及时更换；检查炉头喷嘴和风管是否有堵塞，及时清理炉头积炭等杂物；检查安全阀、感应线的可靠性；

（2）蒸柜维护时要注意根据地方水质，定期进行炉胆除垢，并及时清除炉头结炭等杂物；

（3）排烟机维护时要加强外部检查，注意有无漏风和不正常振动现象，定期检查轴承的润滑油量及其磨损情况，机壳内部叶轮上的灰尘和油垢，应每三个月清理一次，以保证安全运行和排烟效果，传动皮带应保持适当的松紧程度，不符合要求时应及时更换；

（4）冷柜维护时要注意压缩机反复开启的时间间隔应不小于 5 分钟，以免造成回液和发热，不允许随意旋动温控器，当蒸发器表面有 8 毫米厚霜时，应及时化霜，即切断电源，将柜内物品全部取出，用自来水冲洗霜层，直到全部熔化。切勿用金属锐器铲除霜层，以免损坏蒸发器，化霜完毕后，用布擦干；风冷式冷凝器灰尘污垢过多，会直接影响制冷效果，应及时进行清理，可用毛刷、压缩空气和有 1 ∶ 20 氢氧化钠溶液擦洗，当冷凝风扇损坏时，严禁开机使用；

（5）运水烟罩维护时要防止烟罩内喷水嘴堵塞，应定期进行清洗，为保证安全运行及排烟效果，应定期清洗烟罩、自然排风扇、过油篦子、烟道。

四、工程部常用各类表格样例

表 7-1　　工程部报修单（样表）

报修部门:	审批人:
报修时间:　年　月　日　时	预约维修时间:　日　时　分
现场联系人:	联系电话:
报修内容:	
维修费用:　万　千　百　拾　元　角　分	
不能及时维修原因:	

表 7-2　　　　工程部派工单（样表）

派工人员:		派工时间:		工作人数:
承修人员:				
承修项目:				
更换材料清单				
名称	规格	数量	单位	单价
小计:　万　千　百　拾　元　角　分				
使用部门签字:			服 务 质 量:	
承 修 人 签 字:			值班工程师:	

表 7-3　　　　电话报修登记单（样表）

序号	报修时间	报修部门	报修人工号	报修地点	报修内容	维修人姓名	完成情况
1							
2							

表 7-4　　　　工程部设备故障报告表（样表）

序号	设备名称	设备所在地	故障发生时间	故障现象	处理时间	处理结果	维修配件	处理人
1								
2								

续表

3								
4								
5								
6								
7								
8								
9								
厂家维修人员:			当班领班: 主管:			经 理:		

表 7-5　水池（箱）清洗及消毒记录（样表）

部门：＿＿＿＿＿＿＿　NO. ＿＿＿＿＿＿

部门			水池编号		
清洗日期			水容量（m^3）		
放水时间	自 月 日 时起，到 月 日 时止				共 小时
清洗时间	自 月 日 时起，到 月 日 时止				共 小时
清洗投放消毒剂人				见证人	
清洗人员					
放水时间	自 月 日 时起到 月 日 时止				共 小时
消毒投放灭菌剂					
清洗消毒 有关记录					
水质取样人		取样地点			
取样数		送检时间		送检人	
取报告人		取报告日期		报告编号	
水质监测结果	合格□ 不合格□				
不合格处理意见					
部门负责人:			清洗队主管:		

作业任务

调研分析：

调研一家饭店的设备设施维修保养制度体系，并观察执行效果，就发现的问题分析原因，并提出解决建议。

饭店工作质量检查系统管理

项目 2

学习目标

- 能够准确叙述饭店工作质量检查系统构成；
- 能够准确叙述饭店工作质量检查流程；
- 能够准确叙述饭店质量检查机构职责；
- 能够应用饭店工作质量检查模板制定检查标准。

课程内容

一、饭店工作质量检查系统

（一）系统构成

饭店工作质量检查系统是指饭店各部门在对客提供硬件、软件服务过程中，工作质量检查标准与执行体系。该系统构成包括：前厅工作质量检查系统、客房工作质量检查系统、餐饮工作质量检查系统、康乐工作质量检查系统等。

（二）管理形式

饭店工作质量检查系统是饭店工作服务质量的管理手段，主要形式有培训、巡视、纠偏等。

（三）管理工具

饭店客户体验系统管理工具主要以服务标准或服务规范等形式出现，下面以餐饮部员工语言服务规范为例。

1. 要求

语音标准，语言谦恭，语调亲切，音量适度，言词简洁清晰，用词得体，充分体现主动、热情、礼貌、周到、谦虚的态度。根据不同对象使用语言要恰当。对内宾使用普通话，对外宾运用外语（英）进行常规服务，做到客到有请，客问必答，客走道别。

2. 标准

服务过程各个环节均要运用礼貌敬语，并能灵活掌握，主要包括以下方面。

（1）宾客进店主动打招呼，使用招呼语。如：您好，欢迎您；

（2）与宾客对话讲礼貌，使用称呼语。如：× 同志，× 先生，× 女士，× 太太，× 夫人，× 小姐（×：姓名）；

（3）向宾客问好时，使用问候语。如：您好，早晨好，您辛苦了，晚安；

（4）服务过程热情周到，彬彬有礼，使用相请语、询问语。如：请您喝茶，请您用毛巾，您想用哪一种酒水，您还有什么需要；

（5）听取宾客要求时要微微点头，使用应答语。如：好的，明白了，请稍候，马上就来；

（6）服务不足之处或宾客有意见时，使用道歉语。如：对不起，实在对不起，打扰了，让您久等了，请您原谅，请您稍候，给您添麻烦了；

（7）感谢宾客时，使用感谢语。如：谢谢，感谢您的提醒；

（8）宾客离店时使用道别语。如：谢谢，欢迎您再次光临，再见。

二、饭店工作质量检查机构

（一）部门概述

服务质量是饭店的生命，是关系饭店兴衰成败的关键，而质量管理则是保证饭店高质量服务的重要手段。饭店设立质量检查部，其任务和宗旨就是协助部门按照星级标准实施经营管理，提供全面优质服务。

（二）组织结构

根据饭店目前经营管理现状，质量检查部全部以兼职质检员方式，设质检组长及数名质检员，由各部门责任心强、原则性强、不怕打击报复的管理人员经高层办公会议讨论确定。质量检查部直接对总经理负责。

（三）质量检查部成员构成

质检组长：一般由副总经理或部门负责人兼任。

质检员：饭店质量检测人员，一般由饭店具有质检能力的人担任 。

（四）质检工作职责

（1）全面检查和评审饭店的服务质量情况，督导各部门管理、服务和卫生的整改、提高；

（2）建立并实施三级督导检查系统，采用常规检查、抽查、专项检查、夜查和暗查的方式，每天按饭店统一质量标准进行检查，检查结果随时通报总经理、人力资源部及相关部门经理（总监），同时记入《质检日报表》；

（3）每日收集和整理《客人意见反馈表》《EOD 值班记录》，对反映的问题进行分析，提出相关整改意见，第二天早晨报送总经理；得到明确答复后，向相关部门下《整改通知书》，并跟进落实整改事宜；

（4）每周进行一次全面检查，每周四下午 4：00 进行一周质检汇总、评审、QC 分析会议。

（5）每周一期《质检周报》，内容包括：（1）员工奖惩明细；（2）宾客投诉处理情况；（3）EOD 发现问题、行政早会议定事项、总经理交办工作的完成情况；（4）员工投诉处理情况；（5）QC 分析报告。

（6）建立健全饭店质量管理和督导检查档案，采用科学管理手段，按日、周、月建立数据档案，对质量方面的重大事故拟出专题案例报告，上报饭店管理高层，部分案例需作为培训资料交人力资源部存档。

三、饭店工作质量检查程序

（一）发现问题

主要从六个方面着手：（1）服务态度和仪容仪表；（2）设备设施完好程度；（3）物料供应（包括信息资料）的保证；（4）服务方法（包括服务方式、程序、规范、技能技巧等）；（5）环境（包括饭店环境和工作环境）；（6）安全（包括饭店信息、资料）保障。

（二）分析问题产生原因

从以下五个方面进行分析，即人的因素、设施因素、环境因素、方法因素、材料因素。

（三）找出主要影响因素

（四）制订解决问题的措施计划

即 5W1H。

（1）WHY　为什么制定此项措施；

（2）WHAT　解决什么问题，达到什么目的；

（3）WHERE　在什么地方采取这一措施；

（4）WHO　由谁或哪个部门具体执行；

（5）WHEN　每项措施开始及完成的时间；

（6）HOW　执行和完成措施的方式。

（五）严格执行计划

（六）检查计划执行进度

（七）总结经验，实施标准化，形成规范与制度，正确的坚持推广，失败的及时修订完善，防止同样的问题再次发生

（八）提出遗留问题，做出下阶段改正计划方案

（九）质量检查档案管理

（1）为确保质检的严肃性，有案可查，必须建立质检档案；

（2）质检档案记载员工及部门经理违纪行为的时间、地点、内容、处罚和改正情况；

（3）质检档案记载员工及部门经理的获奖励情况；

（4）质检档案作为员工和部门经理晋升、晋级及业绩考评的重要依据。

四、各部门工作质量检查细则模型

（一）餐饮部质量检查扣分细则

1. 餐厅地面不够清洁或门窗有灰尘污迹	扣1分
2. 站立姿势不正，位置不当	扣1分
3. 预订的包厢，开餐前无人跟进	扣2分
4. 服务员接待客人不够主动热情	扣2分
5. 在服务中接听电话或没有使用礼貌用语	扣2分
6. 因配合协调不够而怠慢宾客	扣2分
7. 餐厅布置或操作不够规范、标准	扣2分
8. 客人交办的服务事项未按时、按质完成	扣2分
9. 损坏的设备设施未及时报修	扣2分
10. 对设施小毛病（如窗钩脱落、墙纸撕裂）置之不管	扣2分
11. 餐具与餐桌不符合卫生要求	扣2分

续

12. 没有做好安全消防工作或擅自动用消防设施	扣2分
13. 未经领导批准，免费或优惠给客人就餐	扣5分
14. 厨房环境不够整洁	扣2分
15. 厨房与餐厅协调不够，出现误差或影响出菜时间	扣3分
16. 宾客对餐食质量不满，引起投诉	扣3分
17. 采购保管制度不全，账目不清楚	扣2分
18. 下班后应关的电灯、自来水未关	扣2分
19. 工作间、操作场所扎堆聊天及其他活动	扣2分
20. 预订单、就餐单遗失或缺页	扣3分
21. 厨房违反规定程序出菜	扣3分
22. 财产或原材料购进、领用、保管制度不健全或有制度不执行	扣3分
23. 操作用具如托盘、抹布等不按规定而乱丢乱放	扣2分
24. 团体就餐费用划转不够及时	扣2分
25. 餐具、玻璃器皿没有消毒，有污迹	扣2分
26. 脏污小毛巾、口巾、台布、筷套等未及时更换，影响饭店档次	扣2分
27. 无关人员进入冷菜间、面点房，发现一次	扣1分
28. 工作区域有苍蝇、蚊子、蟑螂、耗子	扣5分
29. 不按规定冷藏各类食品，生、熟混放	扣5分
30. 因食品、菜肴不卫生遭客人投诉	扣5分
31. 在防疫部门检查中，存在问题而受到批评或罚款	扣5分
32. 工作粗心、马虎，打碎、破损餐具、玻璃器皿（情节严重、破损数量多者，全额赔偿外）	扣2分
33. 保证电线、电源开关完好无损，用电、用火、用气严格按照岗位责任制度操作，一切电器设备要勤检查，没有达到要求者	扣2分
34. 待客缺乏礼貌礼仪，缺乏微笑服务和有声服务	扣1分
35. 照明灯不亮	扣1分
36. 踢脚线不干净，有灰尘	扣1分
37. 地毯毛边没有剪掉	扣1分
38. 画框上有灰尘（每只）	扣1分
39. 绿色植物盆内有杂物，叶瓣上有灰尘	扣1分
40. 墙角有蜘蛛网	扣1分
41. 设备设施不清洁，有污渍	扣1分
42. 工作台物品摆放不整齐，表面有灰尘	扣1分
43. 工作台内物品杂乱，卫生差	扣1分
44. 鲜花枯萎或花瓶内有异味	扣1分
45. 菜单、酒水单破旧，未及时更换	扣1分
46. 营业前准备工作不充分	扣1分
47. 迎宾员和包厢服务员不了解预订情况	扣2分
48. 迎宾员错误引导	扣2分
49. 服务员跑菜错误	扣2分
50. 划单员划菜错误	扣2分
51. 划单员在上菜前未仔细查看装盘质量，把关不严	扣2分
52. 送餐未按规定敲门，自报身份	扣2分
53. 点菜时未与宾客确认，有误差	扣2分
54. 服务员因结账错误造成投诉	扣1分
55. 餐厅、厨房设备设施保养不善	扣1分

续

56. 保洁柜门未关	扣2分
57. 保洁柜内餐具不洁，摆放凌乱、不整齐	扣2分
58. 垃圾筒未及时清理	扣1分
59. 垃圾筒不加盖	扣2分
60. 厨房内各种器皿有盖不加	扣2分
61. 成品、半成品未用保鲜膜	扣2分
62. 冰箱内生、熟不分	扣2分
63. 厨房备料不足，引起宾客不满	扣2分
64. 厨房备料过多，形成浪费	扣2分
65. 厨师不注意个人卫生	扣3分
66. 蒸笼、菜架、蒸柜不整洁	扣1分
67. 墩头浪费原材料	扣2分
68. 洗涤池不洁净	扣2分
69. 随意将残留食物倒入下水道，形成阻塞	扣2分
70. 给客人使用破损餐具	扣2分
71. 将破损餐具与好的餐具混合使用	扣1分
72. 厨房工作架杂乱并积有灰尘	扣1分
73. 分管区域内的卫生不够清洁	扣1分
74. 公共区域不清洁，桌椅有污迹、灰尘	扣1分
75. 吧台有污渍，展示柜陈列不整齐、橱窗内有灰尘	扣2分
76. 杯具未严格消毒，有水印、指印，工作台不整洁	扣2分
77. 玻璃窗有污迹、指印	扣2分
78. 灯光不柔和，背景音乐嘈杂	扣2分

（二）前厅部质量检查扣分细则

1. 仪容仪表不符合标准	扣1分
2. 交接班不清楚，责任不明确，宾客留言未能及时转达（转交）	扣2分
3. 接待宾客不使用礼貌用语，不热情主动，不注意语言技巧	扣2分
4. 客人交办的事情没有按时按质完成	扣2分
5. 所辖区的公共卫生不够清洁，柜内存放私人物品	扣2分
6. 站立姿势不正，位置不当，精力不集中，与同事闲聊	扣1分
7. 各种表单、报表填写模糊或错误，上报不及时	扣2分
8. 不严格按操作程序进行操作或技术不熟练	扣1分
9. 楼面、值台、总机房等信息不通	扣2分
10. 客人使用信用卡或银行支票结账不认真核查	扣2分
11. 表单传递发生差错，客人账卡漏建	扣3分
12. 挪用或擅借营业款，情节轻微	扣5分
13. 对房费或担保金催收不及时或方法不当，致客人逃账、漏账	扣5分
14. 总台物品摆放杂乱无章，不整洁	扣2分
15. 未做好已预订宾客的记录工作或记录错误	扣2分

续

16. 未按规定操作电脑，未按规定程序接待宾客登记入住	扣 2 分
17. 未做好 VIP 客户接待的准备工作，VIP 客户到店未将信息上报上级	扣 2 分
18. 未做好宾客资料的整理和保管工作	扣 2 分
19. 未做好大堂灯光开关工作	扣 1 分
20. 欢迎牌、指示牌未仔细检查，发生差错或摆放位置不当	扣 2 分
21. 未及时准备好会议房卡、钥匙或磁卡	扣 2 分
22. 未掌握好客房状态，预订发生差错	扣 2 分
23. 未做好会议或其他团队预订的排房工作	扣 2 分
24. 各类有价证券发放错误	扣 3 分
25. 对客人的叫醒服务遗忘或发生误时	扣 3 分
26. 让无关人员进入总机房	扣 2 分
27. 总机接转时间过长，接转错误	扣 2 分
28. 利用电话与人聊天	扣 2 分
29. 未做好话务台的保养工作	扣 1 分
30. 商务中心计费、开票发生差错，引起客人不满	扣 2 分
31. 商务中心打字服务错字率超过 5%	扣 1 分
32. 未做好对电脑、复印机、传真机的清洁保养	扣 2 分
33. 商务中心未及时将传真等资料交给宾客	扣 1 分
34. 未按财务有关制度，做好收银工作	扣 2 分
35. 未正确、及时做好各种报表工作	扣 2 分
36. 表单传递出差错，发生漏账、错账	扣 2 分
37. 语言技巧不灵活，处理不好宾客账务答疑及有关索赔事宜	扣 2 分
38. 商务中心电讯件发送不及时，未做到当天收件、当天发送	扣 2 分
39. 未能准确为宾客提供打字、复印、长途电话预订机票等服务	扣 2 分
40. 对工作区域内各种设备（电脑、打印机、传真机、复印机），管理不善，影响正常工作	扣 2 分
41. 对无事进入商务中心的饭店员工不及时劝阻	扣 1 分
42. 总机未能熟记火警、盗警、市内各大饭店电话，熟悉店内各部电话号码	扣 2 分
43. 电话语气不亲切、语言不清楚，用语不规范	扣 2 分
44. 未按规定手续做好宾客行李寄存，行李存交不及时发生差错	扣 2 分
45. 未能主动为宾客进出提送行李	扣 2 分
46. 团队行李送、收不及时，发生差错	扣 2 分
47. 未按规范为进出宾客拉门，问候	扣 1 分
48. 仪表不端正大方，站立姿势不正确	扣 1 分
49. 大堂内不文明行为（追逐、大声喧哗、争吵、不文明坐姿等）	扣 2 分
50. 大堂副理未能严格履行职责，接待宾客投诉，记录不详细，处理不及时	扣 2 分
51. 当班时巡视监督检查不到位，未能协调前厅各部工作	扣 2 分
52. 发生电梯停机关人等情况未能及时做出处理。	扣 2 分
53. 监督大堂内及饭店灯光的开关情况不到位	扣 2 分
54. 未能及时检查大堂各部设备完好情况及申报维修单	扣 1 分
55. 未能协调好前厅各部与饭店其他部门的工作	扣 1 分

（三）管家部质量检查扣分细则

1. 宾客住宿后的日常服务不周到	扣1分
2. 设备设施损坏未及时报工程部	扣1分
3. 对楼层的一些突发事件没有及时报告或处理不当	扣2分
4. 设备物资用品管理不善，物料领用制度不全	扣2分
5. 下班后应关的电灯、自来水未关	扣1分
6. 楼层钥匙、磁卡保管不善	扣2分
7. 服务员未及时归还钥匙	扣2分
8. 随意放置或动用客人的物品	扣2分
9. 在房内看电视，打私人电话	扣2分
10. 对客人遗留物品未及时汇报，妥善安排处理	扣2分
11. 宾客退房未及时进房检查	扣2分
12. 未将消费的账目及时报总台	扣2分
13. 茶具未按规定消毒	扣1分
14. 管理人员查房不严	扣1分
15. 未按规定开夜床	扣1分
16. 未按规定按时关灯具	扣1分
17. 进房搞卫生未将工作车挡门	扣1分
18. 工作车内物品未分类摆放整齐	扣1分
19. 浴缸不洁，有皂迹或发丝	扣1分
20. 卫生间消耗品摆放不规范	扣1分
21. 窗钩、浴帘钩脱落	扣2分
22. 洗衣服务不及时或出现差错	扣2分
23. 客用冰箱未及时补充小食、饮料	扣1分
24. 客房床单有污渍或发丝	扣1分
25. 未按规定将床垫翻转	扣1分
26. 马桶内外壁卫生不洁	扣1分
27. 浴帘有污渍	扣1分
28. 印刷品褶皱未更换	扣1分
29. 卫生间地面不清洁，有毛发、污迹等	扣1分
30. 铜扶手不清洁、不光滑明亮	扣2分
31. 公用卫生间不清洁不光滑明亮，有异味	扣1分
32. 烟灰缸超过三个烟蒂未及时调换清洗	扣1分
33. 公用卫生间用品未及时添加	扣2分
34. 花园内桌椅不及时摆放及出现差错	扣2分
35. 洗衣房洗涤质量差或出现差错	扣2分
36. 棉织品调换不当面清点，出现差错	扣2分
37. 平烫机操作层未空转半小时	扣1分
38. 违反操作或保管不当引起棉织品破损（赔偿）	扣1分
39. 没有使用礼貌用语，微笑服务和有声服务	扣1分
40. 照明灯不亮	扣1分
41. 踢脚线不干净，有灰尘	扣1分
42. 地毯毛边没有剪掉	扣1分
43. 画框上有灰尘（每只）	扣1分
44. 绿色植物盆内有杂物，叶瓣上有灰尘	扣2分

续

45. 分管区域内的卫生不够清洁	扣 2 分
46. 会议报到处未及时办理	扣 1 分
47. 不按规范操作办事	扣 2 分
48. 打字出错率超过 5%	扣 2 分
49. 大堂地面不整洁光亮，有渣物、脚印，未及时清扫大堂地面及玻璃幕墙周围，未随时保持整洁	扣 1 分
50. 大理石柱子不光亮，有尘灰	扣 1 分
51. 大厅玻璃幕墙不光亮，有指印、污渍	扣 1 分
52. 大厅玻璃门有指印、污渍，光亮清洁度不够	扣 1 分
53. 烟灰缸未及时整理清倒，烟灰缸周围不清洁	扣 2 分
54. 电梯厢内不清洁，有灰尘、纸屑、烟蒂，四壁玻璃镜面有指印、污渍	扣 2 分
55. 电梯门有指印、污迹，梯内地面不清洁	扣 2 分
56. 大堂休息处茶几不光亮，沙发表面有灰尘，摆放不整齐	扣 2 分
57. 未定时为前厅内各营业、办公场所做好清洁卫生	扣 2 分
58. PA 房内工具摆放不整齐	扣 2 分
59. 大堂公用卫生间设备未做到完好齐备，未保持卫生清洁，卫生间内瓷墙有水迹，马桶有水锈、尿迹、污物，木门有尘灰，镜面有水点，洗手台不干净，水珠未及时擦抹，洗手池及龙头有污迹。烘手器表壳不干净、工作不正常，空气有异味，天顶四壁有蛛网	扣 2 分
60. 大堂侧楼梯不清洁、有纸屑、渣物、扶手不干净有尘灰	扣 2 分
61. 大堂内各绿色植物叶面不光洁，有积尘，托盘周围有尘土	扣 2 分

（四）康乐部质量检查扣分细则

1. 未做好营业前准备工作，造成接待失误	扣 3 分
2. 营业场地所辖区卫生不够清洁	扣 2 分
3. 客人交待的事情未按时按质完成	扣 2 分
4. 接待客人态度不够热情主动	扣 2 分
5. 站立姿势不正，位置不当	扣 1 分
6. 吸尘器未及时清理，保养不当	扣 2 分
7. 对设施小毛病（如窗钩脱落，墙纸撕裂）置之不理	扣 1 分
8. 落台物品摆放不整齐	扣 1 分
9. 客用鞋未消毒	扣 1 分
10. 未做好交接班	扣 1 分
11. 应关的灯、自来水未关	扣 1 分
12. 下班后未清理垃圾	扣 1 分
13. 健身器材表面不洁	扣 1 分
14. 服务员不知调试各类健身器材	扣 1 分
15. 桌球房、桌球台面积灰或有异物	扣 1 分

续

16. 电脑表面不洁	扣 1 分
17. 未按规定保养健身器材	扣 2 分
18. 酒水饮品过期	扣 3 分
19. 服务员未对违反宾客须知的客人加以阻止	扣 2 分
20. 进入包房未敲门	扣 1 分
21. 未及时给客人上茶和饮料	扣 1 分
22. 宾客走后未及时撤名	扣 1 分
23. 营业结束未进行安全检查	扣 2 分
24. 未做好考勤工作	扣 1 分
25. 电话中未使用礼貌用语或比客人先挂电话	扣 2 分
26. 账目不清，出现物品缺失	扣 5 分
27. 音响灯光设备调试保养不当，对营业造成影响	扣 3 分
28. 工作不认真，对客人消费后结账记录不清或未按规定办理	扣 2 分
29. 营业款未及时上交	扣 2 分
30. 表单遗失、缺损	扣 2 分
31. 纪律松懈，做与工作无关的聊天	扣 3 分
32. 宾客接待工作准备不充分，或未按要求布置及准备所需物品	扣 2 分
33. 未经允许将碟或其他设备擅自带出，造成流失、缺损	扣 5 分
34. 物资或原材料购进、领用、保管制度不健全或有制度不执行	扣 2 分
35. 把过期饮料，变质食品、水果提供给客人	扣 2 分
36. 没有使用礼貌用语、微笑服务和有声服务	扣 2 分
37. 照明灯不亮	扣 1 分
38. 踢脚线不干净，有灰尘	扣 1 分
39. 地毯毛边没有剪掉	扣 1 分
40. 画框上有灰尘	扣 1 分
41. 绿色植物盆内有杂物，叶瓣上有灰尘	扣 1 分
42. 分管区域内卫生不够清洁	扣 1 分
43. 不按规范操作办事	扣 1 分

（五）工程部质量检查扣分细则

1. 所辖工作场所，环境卫生不够清洁	扣 2 分
2. 对客人、员工不使用礼貌用语	扣 1 分
3. 接到维修通知后，无故不及时进行修理，推诿拖延使无法正常营业或影响客人使用	扣 5 分
4. 操作不当造成事故和损失，情节较为轻微	扣 5 分
5. 没有如实领取配件，虚报多领、假公济私，视情节轻重及认错态度好坏	扣 5~10 分
6. 对饭店设施、设备未按操作规程使用、保养，造成事故或出现损失（除赔偿外）	扣 5 分
7. 非工作人员进出配电房等“闲人免进”重地	扣 2~5 分
8. 责任心不强，造成不必要的浪费，视情节轻重	扣 2~5 分

续

9. 设备维修、保养档案不齐全	扣 2~5 分
10. 修理质量差或没有做好“一手清”，视情节轻重	扣 2~5 分
11. 水、电、气使用记录有误	扣 2~5 分
12. 工具保管不妥，造成损坏或流失（除赔偿外）	扣 2 分
13. 锅炉房、空调房无特殊情况未按要求送热水、送气	扣 3~5 分
14. 物资保管发生偷窃、短少、损坏情况（除赔偿外）	扣 5 分
15. 设施运转记录不全，漏登、缺页	扣 3~5 分
16. 不按规定动用消防设施，致不能使用	扣 2 分
17. 各工种配合不够，导致维修任务不能及时完成	扣 3~5 分
18. 设备故障未及时报告，情节轻微	扣 2~5 分
19. 接到维修电话后，置之不理	扣 2~5 分
20. 未保管好维修剩余的配件，造成浪费	扣 5 分
21. 利用公家设备，或在工作时间修理私人物件	扣 2 分
22. 私带饭店物资出店	扣 3 分

（六）保安部质量检查扣分细则

1. 分管卫生区域不够清洁	扣 2 分
2. 指挥不当，造成车辆停放混乱	扣 2 分
3. 值岗人员不使用礼貌用语，不及时做迎接工作	扣 2 分
4. 值岗人员站立姿势不规范，位置不当或做与工作无关的聊天	扣 2 分
5. 巡逻员未按规定进行巡逻、脱岗	扣 3 分
6. 对突发性事件制止不力，处理不当，汇报不及时	扣 5 分
7. 值班记录不全，或没有记录	扣 2 分
8. 对客人的态度不热情主动	扣 2 分
9. 检查中发现问题，隐瞒不报	扣 2 分
10. 值班室内管理不严，卫生状况差	扣 2 分
11. 服装不整，有污迹、破损	扣 2 分
12. 擅自换班、代班或离岗	扣 2 分
13. 上班期间与他人扎堆闲聊，打瞌睡	扣 2 分
14. 对违反饭店规定行为不闻不问、畏缩后退，不大胆制止	扣 3 分
15. 值岗人员没有使用礼貌用语、微笑服务和有声服务	扣 1 分
16. 室内物品损坏未及时报修	扣 1 分
17. 对衣冠不整的人员不加阻止	扣 1 分
18. 巡逻员在值岗时观看宾客娱乐	扣 2 分
19. 接到报警信号，未及时检查	扣 2 分
20. 停车场内车辆停放不当，卫生不洁	扣 1 分
21. 操作不规范，指挥车辆停、倒车时动作不标准	扣 2 分

（七）财务部质量检查扣分细则

1. 分工不明确，职责不清，办事拖拉	扣 2 分
2. 不及时向领导提供当天营业情况及月营业状况	扣 2 分
3. 不及时对各营业部门进行盘仓	扣 2 分
4. 电话中没有使用礼貌用语	扣 1 分
5. 不按规定着装	扣 1 分
6. 白条抵库，挪用公款，情节轻微	扣 5 分以上
7. 各部门领用现金、支票，未按规定审批手续，擅自办理	扣 5 分
8. 任何物资、能源及食品采购都必须符合申购程序，未按照程序执行	扣 5 分
9. 采购物品没有货比三家，没有做到价廉物美	扣 3 分
10. 未查验所购物资的数量，未把好质量关	扣 3 分
11. 未安排好物资运输，不能保证供货时间，影响正常营业	扣 5 分
12. 未经批准，擅自对外签订协议，情节轻微	扣 5 分
13. 制作有关账务报表错误	扣 2 分
14. 表单传递发生错误，客人账卡漏结，结账错误	扣 3 分
15. 挪用或擅借营业款	扣 5 分以上
16. 对房租催收不及时或方法不当，引起客人逃账、漏账	扣 3 分
17. 交换班需提前十分钟到岗，未准时到岗	扣 2 分
18. 仓库表面卫生（门、窗、地面、桌面）与整体卫生不整洁	扣 2 分
19. 工作时间看闲书、杂志	扣 2 分
20. 仓管员钥匙随便乱放或让他人代管仓库	扣 3 分
21. 未见材料先开具入库单或未经负责人签名私自给予领用物品	扣 2 分
22. 不及时盘仓，发现账物不相符	扣 5 分
23. 财务表单制作差错	扣 2 分
24. 收银员交款不及时，违反现金管理规定	扣 3 分

（八）市场营销部质量检查扣分细则

1. 分管区域卫生不洁，物品摆放凌乱	扣 2 分
2. 接待宾客不主动热情	扣 2 分
3. 表单填写内容不详细，造成接待失误	扣 2 分
4. 与有关部门联系不够、脱节造成失误	扣 2 分
5. 宾客交办的事未按质按量去完成	扣 2 分
6. 未做好客人档案资料的收集、保管工作	扣 3 分
7. 档案乱放	扣 1 分
8. 档案丢失	扣 5 分
9. 会议横幅内容错误	扣 2 分
10. 未做好预订控制和信息沟通工作，造成接待困难	扣 2 分

续

11. 因自身工作失误，导致客人结账拖延时间超过半个月	扣3分
12. 业务洽谈后未及时开单、送单，导致准备工作不及时，接待失误	扣5分
13. 不按工作程序操作，导致客人或其他部门投诉	扣3分
14. 未经上司批准，随意口头或书面对外报价，造成饭店收入损失，客人投诉	扣5分
15. 上班不准时，迟到或早退	扣2分
16. 未得到上司批准调整排班，未造成重大影响	扣5分
17. 仪容仪表不符合饭店规范	扣1分
18. 接听电话不礼貌	扣2分
19. 工作时间打私人电话	扣1分
20. 利用工作时间外出拜访，办理私事	扣5分
21. 工作便利将饭店资料无意泄露	扣10分
22. 办公时间在办公室吃东西	扣2分
23. 下班后未关闭自己的工作电脑	扣1分
24. 下班后忘记关灯、锁门	扣2分
25. 工作粗心，导致订房、订宴会重订或漏订	扣10分以上
26. 接到客人投诉意见不及时处理，导致饭店名誉受损	扣10分以上
27. 工作疏忽，对外报错房价、餐价，导致饭店收入受损	扣10分以上
28. 不按时递交工作计划和工作报告	扣2分
29. 不认真严肃写工作报告和工作计划	扣2分
30. 外报价或给客人信函打错字、打漏字	扣2分
31. 对上司安排的工作不认真完成	扣2分
32. 工作效率低	扣2分
33. 对重大VIP客户接待活动和饭店各种宴会活动，拍照不认真，导致拍出照片无法使用，饭店存档资料流失	扣5分以上

（九）人力资源部质量检查扣分细则

1. 分工不明确，职责不清，办事拖拉	扣2分
2. 未做好接待工作	扣2分
3. 有关事项或会议未及时通知、组织安排、协调	扣2分
4. 档案管理混乱或不健全	扣2分
5. 文件资料不及时归档，随便放置	扣2分
6. 分管区域卫生不洁，物品摆放凌乱	扣1分
7. 未按操作规程办事	扣2分
8. 人事考勤、工资计算出现差错	扣2分
9. 员工宣传栏、板报未及时更新	扣2分
10. 部门合理要求或意见不及时向领导汇报，又不予配合	扣3分
11. 会议记录不完整或不整理	扣1分
12. 未经许可向外传播饭店文件	扣3分

续

13. 工作服、劳保用品发放不及时	扣2分
14. 未做好各部门管理人员及员工业绩考核工作	扣2分
15. 设施设备损坏未及时报修	扣3分
16. 医务室医护人员脱岗	扣1分
17. 应关的电灯、自来水未关	扣1分
18. 对职工食堂菜肴质量把关不严	扣1分
19. 职工食堂因食品不卫生，造成拉肚子等现象	扣3分
20. 职工食堂菜食品单一、质量差，出现投诉	扣2分
21. 被子、衣服不按规定，随意晾晒	扣1分
22. 擅自作主留宿亲戚、朋友	扣2分
23. 室内环境不整，卫生不洁	扣1分
24. 私自烧用电炉和使用明火	扣2分
25. 公用物品随意带进宿舍使用	扣1分
26. 违反饭店宿舍管理制度	扣1~3分
27. 在宿舍里酗酒闹事，影响团结和安定	扣2分
28. 犯有其他违纪性质的行为	扣1分
29. 图书室内服务意识差	扣1~3分
30. 没有使用礼貌用语、微笑服务和有声服务	扣1分
31. 卫生要求不合格	扣2分
32. 擅自离岗、脱岗	扣2分
33. 员工投诉过多	扣3分
34. 不按规定收费	扣2分

（十）行政办质量检查扣分细则

1. 分工不明确，职责不清，办事拖拉	扣2分
2. 排班不当，导致工作跟进不及时	扣2分
3. 会议纪要整理不及时，完成不及时	扣2分
4. 对总经理安排的会议通知不及时，或通知不到位	扣2分
5. 对会议安排，包括场地、设施、服务等跟办不到位	扣2分
6. 仪容仪表不合规范	扣1分
7. 接听电话不合规范	扣2分
8. 办公时间在办公室内吃东西	扣2分
9. 工作时间打私人电话	扣2分
10. 下班后未关闭自己的工作电脑	扣1分
11. 下班后忘记关灯、锁门	扣1分
12. 上班不准时，迟到或早退	扣2分
13. 办公区域不整洁	扣2分
14. 对外部来文处理不及时，导致工作被动	扣3分
15. 对内部文件处理不及时，导致工作被动	扣2分

续

16. 接到需向总经理反馈的意见，汇报不及时	扣2分
17. 资料及档案管理混乱	扣2分
18. 遗失资料及档案	扣5分
19. 完成领导交办的工作不及时	扣2分

作业任务

实训练习：

请使用本课相关资料，选择一家饭店，制订一个部门的督导工作计划方案。

参考文献

1. 谷慧敏. 世界著名饭店集团管理精要[M]. 沈阳: 辽宁科学技术出版社，2001.

2. 刘赵平. 国际饭店集团在中国的扩展［J］. 1999，（04）.

3. 邹统钎，吴正平. 现代饭店经营思想与竞争战略——中外饭店管理比较研究［M］. 广州：广东旅游出版社，1998.

4. 李若凝，饭店管理［M］. 北京：机械工业出版社，2012.

5. 张素娟，宋雪莉. 现代饭店管理（第二版）［M］. 北京：化学工业出版社，2011.